FRANZ KAFKA

GELEGENHEIT ZU EINER KLEINEN VERZWEIFLUNG

FRANZ KAFKA

GELEGENHEIT ZU EINER KLEINEN VERZWEIFLUNG

AUSGEWÄHLT UND ILLUSTRIERT VON
NIKOLAUS HEIDELBACH

DUMONT

»… hat jemand schon eine gelbliche
Haut, so muß er sie freilich behalten,
aber er muß nicht, wie Frieda, noch
eine tief ausgeschnittene crême Bluse
dazu anziehn, so daß einem vor
lauter Gelb die Augen übergingen.«
      DAS SCHLOSS

»… irgendwo ahmte sogar ein
Herr den Ruf eines Hahnes nach.«
      DAS SCHLOSS

Ich lege eine Photographie von mir bei,
ich war vielleicht 5 Jahre alt,
das böse Gesicht war damals Spaß,
jetzt halte ich es für geheimen Ernst ...

IN UNSERER SYNAGOGE LEBT EIN TIER in der Größe etwa eines Marders. Es ist oft sehr gut zu sehn, bis auf eine Entfernung von etwa zwei Metern duldet es das Herankommen der Menschen. Seine Farbe ist ein helles Blaugrün. Sein Fell hat noch niemand berührt, es läßt sich also darüber nichts sagen, fast möchte man behaupten, daß auch die wirkliche Farbe des Felles unbekannt ist, vielleicht stammt die sichtbare Farbe nur vom Staub und Mörtel die sich im Fell verfangen haben, die Farbe ähnelt ja auch dem Verputz des Synagogeninnern, nur ist sie ein wenig heller. Es ist, von seiner Furchtsamkeit abgesehn, ein ungemein ruhiges seßhaftes Tier; würde es nicht so oft aufgescheucht werden, es würde wohl den Ort kaum wechseln, sein Lieblingsaufenthalt ist das Gitter der Frauenabteilung, mit sichtbarem Behagen krallt es sich in die Maschen des Gitters, streckt sich und blickt hinab in den Betraum, diese kühne Stellung scheint es zu freuen, aber der Tempeldiener hat den Auftrag, das Tier niemals am Gitter zu dulden, es würde sich an diesen Platz gewöhnen und das kann man wegen der Frauen, die das Tier fürchten, nicht zulassen. Warum sie es fürchten, ist unklar. Es sieht allerdings beim ersten Anblick erschreckend aus, besonders der lange Hals, das dreikantige Gesicht, die fast wagrecht vorstehenden Oberzähne, über der Oberlippe eine Reihe langer, die Zähne überragender, offenbar ganz harter heller Borstenhaare, das alles kann erschrecken, aber bald muß man erkennen, wie ungefährlich dieser ganze scheinbare Schrecken ist. Vor allem hält es sich ja von den Menschen fern, es ist scheuer als ein Waldtier, es scheint mit nichts als mit dem Gebäude verbunden und sein persönliches Unglück besteht wohl darin, daß dieses Gebäude eine Synagoge ist, also ein zeitweilig sehr belebter Ort. Könnte man sich mit dem Tier verständigen, könnte man es allerdings damit trösten, daß die Gemeinde unseres Bergstädtchens von Jahr zu Jahr kleiner wird und es ihr schon Mühe macht die Kosten für die Erhaltung der Synagoge aufzubringen.

Es ist nicht ausgeschlossen, daß in einiger Zeit aus der Synagoge ein Getreidespeicher wird oder dergleichen und daß das Tier die Ruhe bekommt, die ihm jetzt schmerzlich fehlt.

Es sind allerdings nur die Frauen, die das Tier fürchten, den Männern ist es längst gleichgültig geworden, eine Generation hat es der andern gezeigt, immer wieder hat man es gesehn, schließlich hat man keinen Blick mehr daran gewendet und selbst die Kinder, die es zum erstenmal sehn, staunen nicht mehr. Es ist das Haustier der Synagoge geworden, warum sollte nicht die Synagoge ein besonderes, nirgends sonst vorkommendes Haustier haben? Wären nicht die Frauen man würde kaum mehr von der Existenz des Tieres wissen. Aber selbst die Frauen haben keine wirkliche Furcht vor dem Tier, es wäre auch zu sonderbar, ein solches Tier tagaus, tagein zu fürchten, jahre- und jahrzehntelang. Sie verteidigen sich zwar damit, daß ihnen das Tier meist viel näher ist als den Männern und das ist richtig. Hinunter zu den Männern wagt sich das Tier nicht, niemals hat man es noch auf dem Fußboden gesehn. Läßt man es nicht zum Gitter der Frauenabteilung, so hält es sich wenigstens in gleicher Höhe auf der gegenüberliegenden Wand auf. Dort ist ein ganz schmaler Mauervorsprung, kaum zwei Finger breit, er umläuft drei Seiten der Synagoge, auf diesem Vorsprung huscht das Tier manchmal hin und her, meistens aber hockt es ruhig auf einer bestimmten Stelle gegenüber den Frauen. Es ist fast unbegreiflich wie es diesen schmalen Weg so leicht benützen kann und die Art wie es dort oben, am Ende angekommen, wieder wendet, ist sehenswert, es ist doch schon ein sehr altes Tier, aber es zögert nicht den gewagtesten Luftsprung zu machen, der auch niemals mißlingt, in der Luft hat es sich umgedreht und schon läuft es wieder seinen Weg zurück. Allerdings wenn man das einigemal gesehen hat, ist man gesättigt und hat keinen Anlaß immerfort hinzustarren. Es ist ja auch weder Furcht noch Neugier, welche die Frauen in Bewegung hält, würden sie sich mehr mit dem Beten beschäftigen, könnten sie das Tier völlig vergessen, die frommen Frauen täten das auch, wenn es die andern, welche die große Mehrzahl sind zuließen, diese aber wollen immer gern auf sich aufmerksam machen und das Tier ist ihnen dafür ein willkommener Vorwand. Wenn sie es könnten und wenn sie es wagten, hätten sie gewiß das Tier noch näher zu sich gelockt, um noch mehr erschrecken zu dürfen. Aber in Wirklichkeit drängt sich ja das Tier gar nicht zu ihnen, es kümmert sich, wenn es nicht angegriffen wird, um sie ebensowenig wie um die Männer, am liebsten würde es wahrscheinlich in der Verborgenheit bleiben, in der es in den Zeiten außerhalb des Gottesdienstes lebt, offenbar in irgendeinem Mauerloch, das wir noch nicht entdeckt haben. Erst wenn man zu beten anfängt, erscheint es, erschreckt durch den Lärm, will es sehn was geschehen ist, will es wachsam bleiben, will es frei sein, fähig zur Flucht, vor Angst läuft es hervor, aus Angst macht es seine Kapriolen und wagt sich nicht zurückzuziehn, bis der Gottesdienst zu Ende ist. Die Höhe bevorzugt es natürlich deshalb, weil es dort am sichersten ist und die besten Laufmöglichkeiten hat es auf dem Gitter und dem Mauervorsprung, aber es ist keineswegs immer dort, manchmal steigt es auch tiefer zu den Männern hinab, der Vorhang der Bundeslade wird von einer glänzenden Messingstange getragen, die scheint das Tier zu locken, oft genug schleicht es hin, dort aber sitzt es immer ruhig, nicht einmal wenn es dort knapp bei der Bundeslade ist, kann man sagen daß es stört, mit seinen blanken, immer offenen, vielleicht lidlosen Augen scheint es die Gemeinde anzusehn, sieht aber gewiß niemanden an, sondern blickt nur den Gefahren entgegen, von denen es sich bedroht fühlt.

In dieser Hinsicht schien es, wenigstens bis vor kurzem, nicht viel verständiger als unsere Frauen. Was für Gefahren hat es denn zu fürchten? Wer beabsichtigt ihm etwas zu tun? Lebt es denn nicht seit vielen Jahren völlig sich selbst überlassen? Die Männer kümmern sich nicht um seine Anwesenheit und die Mehrzahl der Frauen wäre wahrscheinlich unglücklich wenn es verschwände. Und da es das einzige Tier im Haus ist, hat es also überhaupt keinen Feind. Das hätte es nachgerade im Laufe der Jahre schon durchschauen können. Und der Gottesdienst mit seinem Lärm mag ja für das Tier sehr erschreckend sein, aber er wiederholt sich doch in bescheidenem Ausmaß jeden Tag und gesteigert an den Feststagen, immer regelmäßig und ohne Unterbrechung, auch das ängstlichste Tier hätte sich schon daran gewöhnen können, besonders wenn es sieht, daß es nicht etwa der Lärm von Verfolgern ist, sondern ein Lärm der es gar nicht betrifft. Und doch diese Angst. Ist es die Erinnerung an längst vergangene oder die Vorahnung künftiger Zeiten? Weiß dieses alte Tier vielleicht mehr, als die drei Generationen, die jeweils in der Synagoge versammelt sind?

Vor vielen Jahren, so erzählt man, soll man wirklich versucht haben das Tier zu vertreiben. Es ist ja möglich daß es wahr ist, wahrscheinlicher aber ist es daß es sich nur um erfundene Geschichten handelt. Nachweisbar allerdings ist, daß man damals vom religionsgesetzlichen Standpunkt aus die Frage untersucht hat, ob man ein solches Tier im Gotteshause dulden darf. Man holte die Gutachten verschiedener berühmter Rabbiner ein, die Ansichten waren geteilt, die Mehrheit war für die Vertreibung und Neueinweihung des Gotteshauses, aber es war leicht von der Ferne zu dekretieren, in Wirklichkeit war es ja unmöglich, das Tier zu vertreiben.

FÜNF FREUNDE

Wir sind fünf Freunde, wir sind einmal hintereinander aus einem Haus gekommen, zuerst kam der eine und stellte sich neben das Tor, dann kam oder vielmehr glitt so leicht wie ein Quecksilberkügelchen gleitet der zweite aus dem Tor und stellt sich unweit vom ersten auf, dann der dritte, dann der vierte, dann der fünfte. Schließlich standen wir alle in einer Reihe. Die Leute wurden auf uns aufmerksam, zeigten auf uns und sagten: Die fünf sind jetzt aus diesem Haus gekommen. Seitdem leben wir zusammen, es wäre ein friedliches Leben wenn sich nicht immerfort ein sechster einmischen würde. Er tut uns nichts, aber es ist uns lästig, das ist genug getan; warum drängt er sich ein, wo man ihn nicht haben will. Wir kennen ihn nicht und wollen ihn nicht bei uns aufnehmen. Wir fünf haben zwar früher einander auch nicht gekannt und wenn man will, kennen wir einander auch jetzt nicht, aber was bei uns fünf möglich ist und geduldet wird ist bei jenem sechsten nicht möglich und wird nicht geduldet. Außerdem sind wir fünf und wir wollen nicht sechs sein. Und was soll überhaupt dieses fortwährende Beisammensein für einen Sinn haben, auch bei uns fünf hat es keinen Sinn, aber nun sind wir schon beisammen und bleiben es, aber eine neue Vereinigung wollen wir nicht, eben auf Grund unserer Erfahrungen. Wie soll man aber das alles dem sechsten beibringen, lange Erklärungen würden schon fast eine Aufnahme in unsern Kreis bedeuten, wir erklären lieber nichts und nehmen ihn nicht auf. Mag er noch so sehr die Lippen aufwerfen, wir stoßen ihn mit dem Elbogen weg, aber mögen wir ihn noch so sehr wegstoßen, er kommt wieder.

GROSSER LÄRM

Ich sitze in meinem Zimmer im Hauptquartier des Lärms der ganzen Wohnung. Alle Türen höre ich schlagen, durch ihren Lärm bleiben mir nur die Schritte der zwischen ihnen Laufenden erspart, noch das Zuklappen der Herdtüre in der Küche höre ich. Der Vater durchbricht die Türen meines Zimmers und zieht im nachschleppenden Schlafrock durch, aus dem Ofen im Nebenzimmer wird die Asche gekratzt, Valli fragt, durch das Vorzimmer Wort für Wort rufend, ob des Vaters Hut schon geputzt ist, ein Zischen, das mir befreundet sein will, erhebt noch das Geschrei einer antwortenden Stimme. Die Wohnungstüre wird aufgeklinkt und lärmt, wie aus katarrhalischem Hals, öffnet sich dann weiterhin mit dem Singen

einer Frauenstimme und schließt sich endlich mit einem dumpfen, männlichen Ruck, der sich am rücksichtslosesten anhört. Der Vater ist weg, jetzt beginnt der zartere, zerstreutere, hoffnungslose Lärm, von den Stimmen der zwei Kanarienvögel angeführt. Schon früher dachte ich daran, bei den Kanarienvögeln fällt es mir von neuem ein, ob ich nicht die Türe bis zu einer kleinen Spalte öffnen, schlangen-gleich ins Nebenzimmer kriechen und so auf dem Boden meine Schwestern und ihr Fräulein um Ruhe bitten sollte.

Kennen Sie den Parkwächter?

Ja gewiß.

Glauben Sie nicht auch, daß er verrückt ist?

DER DORFSCHULLEHRER

Diejenigen, ich gehöre zu ihnen, die schon einen kleinen gewöhnlichen Maulwurf widerlich finden, wären wahrscheinlich vom Widerwillen getötet worden, wenn sie den Riesenmaulwurf gesehen hätten, der vor einigen Jahren in der Nähe eines kleinen Dorfes beobachtet worden ist, das dadurch eine gewisse vorübergehende Berühmtheit erlangt hat. Jetzt ist es allerdings schon längst wieder in Vergessenheit geraten und teilt damit nur die Ruhmlosigkeit der ganzen Erscheinung, die vollständig unerklärt geblieben ist, die man aber zu erklären sich auch nicht sehr bemüht hat und die infolge einer unbegreiflichen Nachlässigkeit jener Kreise, die sich darum hätten kümmern sollen und die sich tatsächlich angestrengt um viel geringfügigere Dinge kümmern, ohne genauere Untersuchung vergessen worden ist. Darin daß das Dorf weit von der Eisenbahn abliegt, kann jedenfalls keine Entschuldigung dafür gefunden werden, viele Leute kamen aus Neugierde von weither, sogar aus dem Ausland, nur diejenigen die mehr als Neugierde hätten zeigen sollen, die kamen nicht. Ja, hätten nicht einzelne ganz einfache Leute, Leute, deren gewöhnliche Tagesarbeit ihnen kaum ein ruhiges Aufatmen gestattete, hätten nicht diese Leute uneigennützig sich der Sache angenommen, das Gerücht von der Erscheinung wäre wahrscheinlich kaum über den nächsten Umkreis hinausgekommen. Es muß zugegeben werden, daß selbst das Gerücht, das sich doch sonst kaum aufhalten läßt, in diesem Falle geradezu schwerfällig war, hätte man es nicht förmlich gestoßen, es hätte sich nicht verbreitet. Aber auch das war gewiß kein Grund sich mit der Sache nicht zu beschäftigen, im Gegenteil, auch diese Erscheinung hätte noch untersucht werden müssen. Statt dessen überließ man die einzige schriftliche Behandlung des Falles dem alten Dorflehrer, der zwar ein ausgezeichneter Mann in seinem

Berufe war, aber dessen Fähigkeiten ebenso wenig wie seine Vorbildung es ihm ermöglichten, eine gründliche und weiterhin verwertbare Beschreibung geschweige denn eine Erklärung zu liefern. Die kleine Schrift wurde gedruckt und an die damaligen Besucher des Dorfes viel verkauft, sie fand auch einige Anerkennung, aber der Lehrer war klug genug einzusehn, daß seine vereinzelten von niemand unterstützten Bemühungen im Grunde wertlos waren. Wenn er dennoch in ihnen nicht nachließ und die Sache, trotzdem sie ihrer Natur nach von Jahr zu Jahr verzweifelter wurde, zu seiner Lebensaufgabe machte, so beweist dies einerseits wie groß die Wirkung war welche die Erscheinung ausüben konnte und andererseits welche Ausdauer und Überzeugungstreue sich in einem alten unbeachteten Dorflehrer vorfinden kann. Daß er aber unter der abweisenden Haltung der maßgebenden Persönlichkeiten schwer gelitten hat, beweist ein kleiner Nachtrag, den er seiner Schrift folgen ließ, allerdings erst nach einigen Jahren, also zu einer Zeit, als sich kaum jemand mehr erinnern konnte, um was es sich hier gehandelt hatte. In diesem Nachtrag führt er vielleicht nicht durch Geschicklichkeit aber durch Ehrlichkeit überzeugend Klage über die Verständnislosigkeit, die ihm bei Leuten begegnet ist, wo man sie am wenigsten hätte erwarten sollen. Von diesen Leuten sagt er treffend: »Nicht ich, aber sie reden wie alte Dorflehrer.« Und er führt unter anderem den Ausspruch eines Gelehrten an, zu dem er eigens in seiner Sache gefahren ist. Der Name des Gelehrten ist nicht genannt aber aus verschiedenen Nebenumständen läßt sich erraten, wer es gewesen ist. Nachdem der Lehrer große Schwierigkeiten überwunden hatte, um bei dem Gelehrten, bei dem er sich wochenlang vorher angemeldet hatte, überhaupt Einlaß zu erlangen, merkte er schon bei der Begrüßung, daß

21

der Gelehrte in einem unüberwindbaren Vorurteil inbetreff seiner Sache befangen war. In welcher Zerstreutheit er dem langen Bericht des Lehrers zuhörte, den dieser an der Hand seiner Schrift erstattete, zeigte sich in der Bemerkung, die er nach einiger scheinbarer Überlegung machte. »Gewiß es gibt verschiedene Maulwürfe, kleine und große. Die Erde ist doch in ihrer Gegend besonders schwarz und schwer. Nun, sie gibt deshalb auch den Maulwürfen besonders fette Nahrung und sie werden ungewöhnlich groß.« »Aber so groß doch nicht«, rief der Lehrer und maß, in seiner Wut ein wenig übertreibend, zwei Meter an der Wand ab. »O doch«, antwortete der Gelehrte, dem das Ganze offenbar sehr spaßhaft vorkam, »warum denn nicht?« Mit diesem Bescheide fuhr der Lehrer nachhause zurück. Er erzählt, wie ihn am Abend im Schneefall auf der Landstraße seine Frau und seine sechs Kinder erwartet hätten und wie er ihnen das endgiltige Mißlingen seiner Hoffnungen bekennen mußte.

Als ich von dem Verhalten des Gelehrten gegenüber dem Lehrer las, kannte ich noch gar nicht die Hauptschrift des Lehrers. Aber ich entschloß mich sofort, alles was ich über den Fall in Erfahrung bringen konnte, selbst zu sammeln und zusammenzustellen. Da ich dem Gelehrten nicht die Faust vor das Gesicht halten konnte, sollte wenigstens meine Schrift den Lehrer verteidigen oder besser ausgedrückt nicht so sehr den Lehrer, als die gute Absicht eines ehrlichen aber einflußlosen Mannes. Ich gestehe ich bereute später diesen Entschluß, denn ich fühlte bald, daß seine Ausführung mich in eine sonderbare Lage bringen mußte. Einerseits war auch mein Einfluß beiweitem nicht hinreichend um den Gelehrten oder gar die öffentliche Meinung zugunsten des Lehrers umzustimmen, andererseits aber mußte der Lehrer merken, daß mir an seiner Hauptabsicht, dem Nachweis der Erscheinung des großen Maulwurfes weniger lag, als an der Verteidigung seiner Ehrenhaftigkeit, die ihm wiederum selbstverständlich und keiner Verteidigung bedürftig schien. Es mußte also dahin kommen, daß ich, der ich mich dem Lehrer verbinden wollte, bei ihm kein Verständnis fand, und wahrscheinlich statt zu helfen für mich einen neuen Helfer brauchen würde, dessen Auftreten wohl sehr unwahrscheinlich war. Außerdem bürdete ich mir mit meinem Entschluß eine große Arbeit auf. Wollte ich überzeugen, so durfte ich mich nicht auf den Lehrer berufen, der ja nicht hatte überzeugen können. Die Kenntnis seiner Schrift hätte mich nur beirrt, und ich vermied es daher sie vor Beendigung meiner eigenen Arbeit zu lesen. Ja ich trat nicht einmal mit dem Lehrer in Verbindung. Allerdings erfuhr er durch Mittelspersonen von meinen Untersuchungen, aber er wußte nicht ob ich in seinem Sinne arbeitete oder gegen ihn. Ja er vermutete wahrscheinlich sogar das Letztere, wenn er es später auch leugnete, denn ich habe Beweise darüber, daß er mir verschiedene Hindernisse in den Weg gelegt hat. Das konnte er sehr leicht, denn ich war ja gezwungen alle Untersuchungen, die er schon durch-geführt hatte, nochmals vorzunehmen und er konnte mir daher immer zuvorkommen. Das war aber der einzige Vorwurf der meiner Methode mit Recht gemacht werden konnte, übrigens ein unaus-weichlicher Vorwurf, der aber durch die Vorsicht, ja Selbstverleug-nung meiner Schlußfolgerungen sehr entkräftet wurde. Sonst aber war meine Schrift von jeder Einflußnahme des Lehrers frei, vielleicht hatte ich in diesem Punkte sogar allzu große Peinlichkeit bewiesen, es war durchaus so, als hätte bisher niemand den Fall untersucht, als wäre ich der erste der die Augen- und Ohrenzeugen verhörte, der erste, der die Angaben aneinanderreihte, der erste, der Schlüsse zog. Als ich später die Schrift des Lehrers las – sie hatte einen sehr umständlichen Titel: Ein Maulwurf, so groß, wie ihn noch niemand gesehen hat, – fand ich tatsächlich, daß wir in wesentlichen Punkten nicht übereinstimmten, wenn wir auch beide die Hauptsache, nämlich die Existenz des Maulwurfes bewiesen zu haben glaubten. Immerhin verhinderten jene einzelnen Meinungsverschiedenheiten die Entstehung eines freundschaftlichen Verhältnisses zum Lehrer, das ich eigentlich trotz allem erwartet hatte. Es entwickelte sich fast eine gewisse Feindseligkeit von seiner Seite. Er blieb zwar immer bescheiden und demütig mir gegenüber aber desto deutlicher konnte man seine wirkliche Stimmung merken. Er war nämlich der Meinung, daß ich ihm und der Sache durchaus geschadet habe und daß mein Glaube, ich hätte ihm genützt oder nützen können, im besten Fall Einfältigkeit, wahrscheinlich aber Anmaßung oder Hinterlist sei. Vor allem wies er öfters darauf hin, daß alle seine bisherigen Gegner ihre Gegnerschaft überhaupt nicht oder bloß unter vier Augen oder wenigstens nur mündlich gezeigt hätten, während ich es für nötig gehalten hatte, alle meine Aussetzungen sofort drucken zu lassen. Außerdem hätten die wenigen Gegner, welche sich wirklich mit der Sache wenn auch nur oberflächlich beschäftigt hatten, doch wenigstens seine, des Lehrers Meinung, also die hier maßgebende Meinung angehört, ehe sie sich selbst geäußert hatten, ich aber hatte aus unsystematisch gesammelten und zum Teil mißverstandenen Angaben Ergebnisse hervorgebracht, die selbst wenn sie in der Hauptsache richtig waren, doch unglaubwürdig wirken müßten undzwar sowohl auf die Menge als auch auf die Gebildeten. Der schwächste Schein der Unglaubwürdigkeit war aber das Schlimmste was hier geschehen konnte. Auf diese wenn auch verhüllt vorgebrachten Vorwürfe hätte ich ihm leicht antworten können – so stellte z. B. gerade seine Schrift wohl den Höhepunkt der Unglaubwürdigkeit dar – weniger leicht aber war es gegen seinen sonstigen Verdacht anzukämpfen und dies war der Grund, warum ich mich überhaupt im Ganzen ihm gegenüber sehr zurückhielt. Er glaubte nämlich im Geheimen, daß ich ihn um den Ruhm hatte bringen wollen, der erste öffentliche Fürsprecher des Maulwurfes zu sein. Nun war ja für seine Person gar kein Ruhm vorhanden, sondern nur eine Lächerlichkeit, die sich aber auch auf einen immer kleineren Kreis einschränkte und um die ich mich gewiß nicht bewerben wollte. Außerdem aber hatte ich in der Einleitung zu meiner Schrift ausdrücklich erklärt, daß der Lehrer für alle Zeiten als Entdecker des Maulwurfes zu gelten habe – der Entdecker war er aber nicht einmal – und daß nur die Anteilnahme am Schicksal des Lehrers mich zur Abfassung der Schrift gedrängt habe. »Der Zweck dieser Schrift ist es,« – so schloß ich allzu pathetisch, aber es entsprach meiner damaligen Erregung – »der Schrift des Lehrers zur verdienten Verbreitung zu helfen. Gelingt dies, dann soll mein Name, der vorübergehend und nur äußerlich in diese Angelegenheit verwickelt wird, sofort aus ihr gelöscht werden.« Ich wehrte also geradezu jede größere Beteiligung an der Sache ab; es war fast, als hätte ich irgendwie den unglaublichen Vorwurf des Lehrers vorausgeahnt. Trotzdem fand er gerade in dieser Stelle die Handhabe gegen mich und ich leugne nicht, daß eine scheinbare Spur von Berechtigung in dem was er sagte, oder vielmehr andeutete, enthalten war, wie mir überhaupt einigemal auffiel, daß er in mancher Hinsicht mir gegenüber fast mehr Scharfsinn zeigte, als in seiner Schrift. Er behauptete nämlich, meine Einleitung sei doppelzüngig. Wenn mir wirklich nur daran lag, seine Schrift zu verbreiten, warum befaßte ich mich nicht ausschließlich mit ihm und seiner Schrift, warum zeigte ich nicht ihre Vorzüge, ihre Unwiderlegbarkeit, warum beschränkte ich mich nicht darauf die Bedeutung der Entdeckung hervorzuheben und begreiflich zu machen, warum drängte ich mich vielmehr unter vollständiger Vernachlässigung der Schrift in die Entdeckung selbst. War sie etwa nicht schon getan? Blieb etwa in dieser Hinsicht noch etwas zu tun übrig? Wenn ich aber wirklich glaubte die Entdeckung noch einmal machen zu müssen, warum sagte ich mich dann in der Einleitung von der Entdeckung so feierlich los. Das hätte heuchlerische Bescheidenheit sein können, aber es war etwas Ärgeres. Ich entwertete die Entdeckung, ich machte auf sie aufmerksam nur zu dem Zweck um sie zu entwerten, ich hatte sie erforscht und legte sie bei Seite, es war vielleicht rings um diese Sache ein wenig stiller geworden, ich machte nun wieder Lärm, machte aber gleichzeitig die Lage des Lehrers schwieriger als sie jemals gewesen war. Was bedeutete denn für den Lehrer die Verteidigung seiner Ehrenhaftigkeit. An der Sache, nur an der Sache lag ihm. Diese aber verriet ich weil ich sie nicht verstand, weil ich sie nicht richtig einschätzte, weil ich keinen Sinn für sie hatte. Sie gieng himmelhoch über meinen Verstand hinaus. Er saß vor mir und sah mich mit seinem alten faltigen Gesicht ruhig an, und doch war nur dieses seine Meinung. Allerdings war es nicht richtig, daß ihm nur an der Sache lag, er war sogar recht ehrgeizig und wollte auch Geldgewinn, was mit Rücksicht auf seine zahlreiche Familie sehr begreiflich war, trotzdem schien ihm mein Interesse an der Sache vergleichsweise so gering, daß er glaubte sich für vollständig uneigennützig hinstellen zu dürfen ohne eine allzugroße Unwahrheit zu sagen. Und es genügte tatsächlich nicht einmal für meine innere Befriedigung, wenn ich mir sagte, daß die Vorwürfe des Mannes im Grunde nur darauf zurückgehn, daß er gewissermaßen seinen Maulwurf mit beiden Händen festhält und jeden, der ihm nur mit dem Finger nahe kommen will einen Verräter nennt. Es war nicht so, sein Verhalten war nicht durch Geiz, wenigstens nicht durch Geiz allein zu erklären, eher durch die Gereiztheit, welche seine großen Anstrengungen und deren vollständige Erfolglosigkeit in ihm hervorgerufen hatte. Aber auch die Gereiztheit erklärte nicht alles. Vielleicht war mein Interesse an der Sache wirklich zu gering, an Fremden war für den Lehrer Interesselosigkeit schon etwas gewöhnliches, er litt darunter im allgemeinen, aber nicht mehr im Einzelnen, hier aber hatte sich endlich einer gefunden, der sich der Sache in außerordentlicher Weise annahm, und selbst dieser begriff die Sache nicht. Einmal in diese Richtung gedrängt wollte ich gar nicht leugnen. Ich bin kein Zoologe, vielleicht hätte ich mich für diesen Fall wenn ich ihn selbst entdeckt hätte, bis auf den Herzensgrund ereifert, aber ich hatte ihn doch nicht entdeckt. Ein so riesengroßer Maulwurf ist gewiß eine Merkwürdigkeit, aber die dauernde Aufmerksamkeit der ganzen Welt darf man nicht dafür verlangen, besonders wenn die Existenz des Maulwurfes nicht vollständig einwandfrei festgestellt ist und man ihn jedenfalls nicht vorführen kann. Und ich gestand auch ein, daß ich mich wahrscheinlich für den Maulwurf, selbst wenn ich der Entdecker gewesen wäre, niemals so eingesetzt hätte, wie ich es für den Lehrer gern und freiwillig tat.

Nun hätte sich wahrscheinlich die Nichtübereinstimmung zwischen mir und dem Lehrer bald aufgelöst, wenn meine Schrift Erfolg gehabt hätte. Aber gerade dieser Erfolg blieb aus. Vielleicht war sie nicht gut, nicht überzeugend genug geschrieben, ich bin Kaufmann, die Abfassung einer solchen Schrift geht vielleicht über den mir gesetzten Kreis noch weiter hinaus als dies beim Lehrer der Fall war, trotzdem ich allerdings in allen hiefür nötigen Kenntnissen den Lehrer bei weitem übertraf. Auch ließ sich der Mißerfolg noch anders deuten, der Zeitpunkt des Erscheinens war vielleicht ungünstig. Die Entdeckung des Maulwurfes, die nicht hatte durchdringen können, lag einerseits noch nicht so weit zurück, als daß man sie vollständig vergessen hätte und durch meine Schrift also etwa überrascht worden wäre, andererseits aber war genug Zeit vergangen, um das geringe Interesse, das ursprünglich vorhanden gewesen war, gänzlich zu erschöpfen. Jene, die sich überhaupt über meine Schrift Gedanken machten, sagten sich mit einer Art Trostlosigkeit, die schon vor Jahren diese Diskussion beherrscht hatte, daß nun wohl wieder die nutzlosen Anstrengungen für diese öde Sache beginnen sollen und manche verwechselten sogar meine Schrift mit der des Lehrers. In einer führenden landwirtschaftlichen Zeitschrift fand sich folgende Bemerkung, glücklicher Weise nur zum Schluß und klein gedruckt: »Die Schrift über den Riesenmaulwurf ist uns wieder zugeschickt worden. Wir erinnern uns, schon einmal vor Jahren über sie herzlich gelacht zu haben. Sie ist seitdem nicht klüger geworden und wir nicht dümmer. Bloß lachen können wir nicht zum zweitenmal. Dagegen fragen wir unsere Lehrervereinigungen, ob ein Dorfschullehrer nicht nützlichere Arbeit finden kann, als Riesenmaulwürfen nachzujagen.« Eine unverzeihliche Verwechslung! Man hatte weder die erste noch die zweite Schrift gelesen und die zwei armseligen in der Eile aufgeschnappten Worte Riesenmaulwurf und Dorfschullehrer genügten schon den Herren, um sich als Vertreter anerkannter Interessen in Szene zu setzen. Dagegen hätte gewiß verschiedenes mit Erfolg unternommen werden können, aber die mangelnde Verständigung mit dem Lehrer hielt mich davon ab. Ich versuchte vielmehr die Zeitschrift vor ihm geheim zu halten, so lange es nur möglich war. Aber er entdeckte sie sehr bald, ich erkannte es schon aus einer Bemerkung eines Briefes, in dem er mir seinen Besuch für die Weihnachtsfeiertage in Aussicht stellte. Er schrieb dort: »Die Welt ist schlecht und man macht es ihr leicht«, womit er ausdrücken wollte, daß ich zu der schlechten Welt gehöre, mich aber mit der mir innewohnenden Schlechtigkeit nicht begnüge, sondern es der Welt auch noch leicht mache d.h. tätig bin, um die allgemeine Schlechtigkeit hervorzulocken und ihr zum Sieg zu verhelfen. Nun ich hatte schon die nötigen Entschlüsse gefaßt, konnte ihn ruhig erwarten und ruhig zusehn wie er ankam, sogar weniger höflich grüßte als sonst, sich stumm mir gegenüber setzte, sorgfältig aus der Brusttasche seines eigentümlich wattierten Rockes die Zeitschrift hervorzog und sie aufgeschlagen vor mich hinschob. »Ich kenne es«, sagte ich und schob die Zeitschrift ungelesen wieder zurück. »Sie kennen es«, sagte er seufzend, er hatte die alte Lehrergewohnheit fremde Antworten zu wiederholen. »Ich werde das natürlich nicht ohne Abwehr hinnehmen«, fuhr er fort, tippte aufgeregt mit dem Finger auf die Zeitschrift und sah mich dabei scharf an, als wäre ich der entgegengesetzten

Meinung; eine Ahnung dessen, was ich sagen wollte, hatte er wohl; ich habe auch sonst nicht so sehr aus seinen Worten, als aus sonstigen Zeichen zu bemerken geglaubt, daß er oft eine sehr richtige Empfindung für meine Absichten hatte, ihr aber nicht nachgab und sich ablenken ließ. Das was ich ihm damals sagte, kann ich fast wortgetreu wiedergeben, da ich es kurz nach der Unterredung notiert habe. »Tut was Ihr wollt«, sagte ich, »unsere Wege scheiden sich von heute ab. Ich glaube daß es Euch weder unerwartet noch ungelegen kommt. Die Notiz hier in der Zeitschrift ist nicht die Ursache meines Entschlusses, sie hat ihn bloß endgiltig befestigt. Die eigentliche Ursache liegt darin, daß ich ursprünglich glaubte Euch durch mein Auftreten nützen zu können, während ich jetzt sehen muß daß ich Euch in jeder Richtung geschadet habe. Warum es sich so gewendet hat, weiß ich nicht, die Gründe für Erfolg und Mißerfolg sind immer vieldeutig, sucht nicht nur jene Deutungen hervor, die gegen mich sprechen. Denkt an Euch, auch Ihr hattet die besten Absichten und doch Mißerfolg, wenn man das Ganze ins Auge faßt. Ich meine es nicht im Scherz, es geht ja gegen mich selbst, wenn ich sage, daß auch die Verbindung mit mir leider zu Eueren Mißerfolgen zählt. Daß ich mich jetzt von der Sache zurückziehe, ist weder Feigheit noch Verrat. Es geschieht sogar nicht ohne Selbstüberwindung; wie sehr ich Euere Person achte, geht schon aus meiner Schrift hervor, Ihr seid mir in gewisser Hinsicht ein Lehrer geworden und sogar der Maulwurf wurde mir fast lieb. Trotzdem trete ich bei Seite, Ihr seid der Entdecker und wie ich es auch anstellen wollte, ich hindere immer daß der mögliche Ruhm Euch trifft, während ich den Mißerfolg anziehe und auf Euch weiterleite. Wenigstens ist dies Euere Meinung. Genug davon. Die einzige Buße, die ich auf mich nehmen kann ist, daß ich Euch um Verzeihung bitte und wenn Ihr es verlangt das Geständnis, das ich Euch hier gemacht habe, auch öffentlich z.B. in dieser Zeitschrift wiederhole.« Das waren damals meine

Worte, sie waren nicht ganz aufrichtig, aber das Aufrichtige war ihnen leicht zu entnehmen. Es wirkte auf ihn so, wie ich es ungefähr erwartet hatte. Die meisten alten Leute haben Jüngern gegenüber etwas Täuschendes, etwas Lügnerisches in ihrem Wesen, man lebt ruhig neben ihnen fort, glaubt das Verhältnis gesichert, kennt die vorherrschenden Meinungen, bekommt fortwährend Bestätigungen des Friedens, hält alles für selbstverständlich und plötzlich wenn sich etwas Entscheidendes ereignet und die solange vorbereitete Ruhe wirken sollte, erheben sich diese alten Leute wie Fremde, haben tiefere, stärkere Meinungen, entfalten förmlich jetzt erst ihre Fahne und man liest darauf mit Schrecken den neuen Spruch. Dieser Schrecken stammt vor allem daher, weil das, was die Alten jetzt sagen, wirklich viel berechtigter, sinnvoller und als ob es eine Steigerung des Selbstverständlichen gäbe noch selbstverständlicher ist. Das unübertrefflich Lügnerische daran aber ist, daß sie das, was sie jetzt sagen, im Grunde immer gesagt haben und daß es eben doch im Allgemeinen nie vorauszusehen war. Ich mußte mich tief in diesen Dorfschullehrer eingebohrt haben, daß er mich jetzt nicht ganz überraschte. »Kind«, sagte er, legte seine Hand auf die meine und rieb sie freundschaftlich, »wie kamt Ihr denn überhaupt auf den Gedanken Euch auf diese Sache einzulassen. Gleich als ich zum ersten Mal davon hörte, sprach ich mit meiner Frau darüber.« Er rückte vom Tische ab, breitete die Arme aus und blickte zu Boden, als stehe dort unten winzig seine Frau und er spreche mit ihr. »›So viele Jahre‹, sagte ich zu ihr, ›kämpfen wir allein, jetzt aber scheint in der Stadt ein hoher Gönner für uns einzutreten, ein städtischer Kaufmann, namens so und so. Jetzt sollten wir uns doch sehr freuen, nicht? Ein Kaufmann in der Stadt bedeutet nicht wenig, wenn ein lumpiger Bauer uns glaubt und es ausspricht, so kann uns das nichts helfen, denn was ein Bauer macht, ist immer unanständig, ob er nun sagt: Der alte Dorfschullehrer hat recht oder ob er etwa unpassender Weise ausspuckt, beides ist in der Wirkung einander gleich. Und stehn statt des einen Bauern zehntausend Bauern auf, so ist die Wirkung womöglich noch schlechter. Ein Kaufmann in der Stadt ist dagegen etwas anderes, ein solcher Mann hat Verbindungen, selbst das was er nur nebenbei sagt, spricht sich in weitern Kreisen herum, neue Gönner nehmen sich der Sache an, einer sagt z.B.: Auch von Dorfschullehrern kann man lernen, und am nächsten Tag flüstert es sich schon eine Menge von Leuten zu, von denen man es nach ihrem Äußern zu schließen niemals annehmen würde. Jetzt finden sich Geldmittel für die Sache, einer sammelt und die andern zählen ihm das Geld in die Hand, man meint, der Dorfschullehrer müsse aus dem Dorf hervorgeholt werden, man kommt, kümmert sich nicht um sein Aussehn, nimmt ihn in die Mitte und da sich die Frau und die Kinder an ihn hängen, nimmt man auch sie mit. Hast Du schon Leute aus der Stadt beobachtet? Das zwitschert unaufhörlich. Ist eine Reihe von ihnen beisammen so geht das Zwitschern von rechts nach links und wieder zurück und auf und ab. Und so heben sie uns zwitschernd in den Wagen, man hat kaum Zeit allen zuzunicken. Der Herr auf dem Kutschbock rückt seinen Zwicker zurecht, schwingt die Peitsche und wir fahren. Alle winken zum Abschied dem Dorfe zu, so als ob wir noch dort wären und nicht mitten unter ihnen säßen. Aus der Stadt kommen einige Wagen mit besonders Ungeduldigen uns entgegen. Als wir uns nähern, stehen sie von ihren Sitzen auf und strecken sich, um uns zu sehn. Der welcher das Geld gesammelt hat ordnet alles und ermahnt zur Ruhe. Es ist schon eine große Wagenreihe als wir in die Stadt einfahren. Wir haben geglaubt, daß die Begrüßung schon vorüber ist, aber nun vor dem Gasthof beginnt sie erst. In der Stadt sammeln sich eben auf einen Anruf gleich sehr viele Leute an. Um was sich der eine kümmert, kümmert sich gleich auch der andere. Sie nehmen einander mit ihrem Atem die Meinungen weg und eignen sich sie an. Nicht alle diese Leute können mit den Wagen fahren, sie warten vor dem Gasthof. Andere könnten zwar fahren, aber sie tun es aus Selbstbewußtsein nicht. Auch diese warten. Es ist unbegreiflich wie der welcher das Geld gesammelt hat, den Überblick über alle behält.‹«

Ich hatte ihm ruhig zugehört, ja ich war während der Rede immer ruhiger geworden. Auf dem Tisch hatte ich alle Exemplare meiner Schrift, soviele ich ihrer noch besaß aufgehäuft. Es fehlten nur sehr wenige, denn ich hatte in der letzten Zeit durch ein Rundschreiben alle ausgeschickten Exemplare zurückgefordert und hatte auch die meisten erhalten. Von vielen Seiten war mir übrigens sehr höflich geschrieben worden, daß man sich gar nicht erinnere eine solche Schrift erhalten zu haben und daß man sie, wenn sie etwa doch gekommen sein sollte, bedauerlicher Weise verloren haben müsse. Auch so war es richtig, ich wollte im Grunde nichts anderes. Nur einer bat mich, die Schrift als Kuriosum behalten zu dürfen und verpflichtete sich sie im Sinne meines Rundschreibens während der nächsten zwanzig Jahre niemandem zu zeigen. Dieses Rundschreiben hatte der Dorfschullehrer noch gar nicht gesehn, ich freute mich, daß seine Worte es mir so leicht machten es ihm zu zeigen. Ich konnte dies aber auch sonst ohne Sorge tun weil ich bei der Abfassung sehr vorsichtig vorgegangen war und das Interesse des Dorfschullehrers und seiner Sache niemals außer Acht gelassen hatte. Die Hauptsätze des Schreibens lauteten nämlich: »Ich bitte nicht deshalb um Rückgabe der Schrift, weil ich etwa von den in der Schrift vertretenen Meinungen abgekommen bin oder sie vielleicht in einzelnen Teilen als irrig oder auch nur als unbeweisbar ansehn würde. Meine Bitte hat lediglich persönliche, allerdings sehr zwingende Gründe, auf meine Stellung zur Sache läßt sie jedoch nicht die allergeringsten Rückschlüsse zu, ich bitte dies besonders zu beachten und wenn es beliebt auch zu verbreiten.«

Vorläufig hielt ich dieses Rundschreiben noch mit den Händen verdeckt und sagte: »Wollt Ihr mir Vorwürfe machen weil es nicht so gekommen ist? Warum wollt Ihr das tun? Verbittern wir uns doch nicht das Auseinandergehn. Und versucht endlich einzusehn, daß Ihr zwar eine Entdeckung gemacht habt, daß aber diese Entdeckung nicht etwa alles andere überragt und daß infolge dessen auch das Unrecht das Euch geschieht nicht ein alles andere überragendes Unrecht ist. Ich kenne nicht die Satzungen der gelehrten Gesellschaften aber ich glaube nicht daß Euch selbst im günstigsten Falle ein Empfang bereitet worden wäre, der nur annähernd an jenen herangereicht hätte, wie Ihr ihn vielleicht Euerer armen Frau beschrieben habt. Wenn ich selbst etwas von der Wirkung der Schrift erhoffte, so glaubte ich, daß vielleicht ein Professor auf Eueren Fall aufmerksam gemacht werden könnte, daß er irgendeinen jungen Studenten beauftragen würde der Sache nachzugehn, daß dieser Student zu Euch fahren und dort Euere und meine Untersuchungen nochmals in seiner Weise überprüfen würde und daß er schließlich, wenn ihm das Ergebnis erwähnenswert schiene, – hier ist festzuhalten, daß alle jungen Studenten voll Zweifel sind – daß er dann eine eigene Schrift herausgeben würde, in welcher das, was Ihr beschrieben habt, wissenschaftlich begründet wäre. Jedoch selbst dann wenn sich diese Hoffnung erfüllt hätte, wäre noch nicht viel erreicht gewesen. Die Schrift des Studenten, die einen so sonderbaren Fall verteidigt hätte, wäre vielleicht lächerlich gemacht worden. Ihr seht hier an dem Beispiel der landwirtschaftlichen Zeitschrift wie leicht das geschehen kann, und wissenschaftliche Zeitschriften sind in dieser Hinsicht noch rücksichtsloser. Es ist auch verständlich, die Professoren tragen viel Verantwortung vor sich, vor der Wissenschaft, vor der Nachwelt, sie können sich nicht jeder neuen Entdeckung gleich an die Brust werfen. Wir andern sind ihnen gegenüber darin im Vorteil. Aber ich sehe von dem ab und will jetzt annehmen daß die Schrift des

Studenten sich durchgesetzt hätte. Was wäre dann geschehn? Euer Name wäre wohl einigemal in Ehren genannt worden, es hätte wahrscheinlich auch Euerem Stand genützt, man hätte gesagt: ›Unsere Dorfschullehrer haben offene Augen‹ und die Zeitschrift hier hätte, wenn Zeitschriften Gedächtnis und Gewissen hätten, Euch öffentlich abbitten müssen, es hätte sich dann auch ein wohlwollender Professor gefunden, um ein Stipendium für Euch zu erwirken, es ist auch wirklich möglich daß man versucht hätte, Euch in die Stadt zu ziehn, Euch eine Stelle an einer städtischen Volksschule zu verschaffen und Euch so Gelegenheit zu geben, die wissenschaftlichen Hilfsmittel, welche die Stadt bietet, für Euere weitere Ausbildung zu verwerten. Wenn ich aber offen sein soll, so muß ich sagen, ich glaube man hätte es nur versucht. Man hätte Euch hierherberufen, Ihr wäret auch gekommen undzwar als gewöhnlicher Bittsteller wie es hunderte gibt ohne allen festlichen Empfang, man hätte mit Euch gesprochen, hätte Euer ehrliches Streben anerkannt, hätte aber doch auch gleichzeitig gesehn, daß Ihr ein alter Mann seid, daß in diesem Alter der Beginn eines wissenschaftlichen Studiums aussichtslos ist und daß Ihr vor allem mehr zufällig als planmäßig zu Euerer Entdeckung gelangt seid und über diesen Einzelfall hinaus, nicht einmal weiter zu arbeiten beabsichtigt. Man hätte Euch also aus diesen Gründen wohl im Dorf gelassen. Euere Entdeckung allerdings wäre weitergeführt worden, denn so klein ist sie nicht, daß sie, einmal zur Anerkennung gekommen, jemals vergessen werden könnte. Aber Ihr hättet nicht mehr viel von ihr erfahren und was Ihr erfahren hättet, hättet Ihr kaum verstanden. Jede Entdeckung wird gleich in die Gesamtheit der Wissenschaften geleitet und hört damit gewissermaßen auf Entdeckung zu sein, sie geht im Ganzen auf und verschwindet, man muß schon einen wissenschaftlich geschulten Blick haben, um sie dann noch zu erkennen. Sie wird gleich an Leitsätze geknüpft von deren Dasein wir gar nicht gehört haben, und im wissenschaftlichen Streit wird sie an diesen Leitsätzen bis in die Wolken hinaufgerissen. Wie wollen wir das begreifen? Wenn wir einer solchen Diskussion zuhören, glauben wir z.B. einmal es handle sich um die Entdeckung aber unterdessen handelt es sich um ganz andere Dinge.«

»Nun gut«, sagte der Dorfschullehrer, nahm seine Pfeife heraus und begann sie mit dem Tabak zu stopfen, den er lose in allen Taschen mit sich trug, »Ihr habt Euch freiwillig der undankbaren Sache angenommen und tretet jetzt auch freiwillig zurück. Es ist alles ganz richtig.« »Ich bin nicht starrköpfig«, sagte ich. »Findet Ihr an meinem Vorschlag vielleicht etwas auszusetzen?« »Nein, gar nichts«, sagte der Dorfschullehrer und seine Pfeife dampfte schon. Ich vertrug den Geruch seines Tabaks nicht und stand deshalb auf und gieng im Zimmer um. Ich war es schon von früheren Besprechungen her gewöhnt, daß der Dorfschullehrer mir gegenüber sehr schweigsam war und sich doch, wenn er einmal gekommen war, aus meinem Zimmer nicht fortrühren wollte. Es hatte mich schon manchmal sehr befremdet, er will noch etwas von mir, hatte ich dann immer gedacht und ihm Geld angeboten, das er auch regelmäßig annahm. Aber weggegangen war er immer erst dann, bis es ihm beliebte. Gewöhnlich war dann die Pfeife ausgeraucht, er schwenkte sich um den Sessel herum, den er ordentlich und respektvoll an den Tisch rückte, griff nach seinem Knotenstock in der Ecke, drückte mir eifrig die Hand und gieng. Heute aber war mir sein schweigsames Dasitzen geradezu lästig. Wenn man einmal jemandem den endgültigen Abschied anbietet wie ich es getan hatte und dies vom andern als ganz richtig bezeichnet wird, dann führt man doch das wenige noch gemeinsam zu Erledigende möglichst schnell zu Ende und bürdet dem andern nicht zwecklos seine stumme Gegenwart auf. Wenn man den kleinen zähen Alten von rückwärts ansah, wie er an meinem Tische saß, konnte man glauben, es werde überhaupt nicht möglich sein, ihn aus dem Zimmer hinauszubefördern.

DAS TIER

Es ist das Tier mit dem großen Schweif, einem viele Meter langen fuchsartigen Schweif. Gern bekäme ich den Schweif einmal in die Hand, aber es ist unmöglich, immerfort ist das Tier in Bewegung, immerfort wird der Schweif herumgeworfen. Das Tier ist kängeruhartig, aber uncharakteristisch im fast menschlich flachen, kleinen, ovalen Gesicht, nur seine Zähne haben Ausdruckskraft, ob es sie nun verbirgt oder fletscht. Manchmal habe ich das Gefühl daß mich das Tier dressieren will; was hätte es sonst für einen Zweck mir den Schwanz zu entziehn, wenn ich nach ihm greife, dann wieder ruhig zu warten, bis es mich wieder verlockt und dann von neuem weiter-zuspringen.

ZIMMERNACHBAR

Jeden Abend seit einer Woche kommt mein Zimmernachbar, um mit mir zu ringen. Ich kannte ihn nicht, habe auch bis jetzt noch nichts mit ihm gesprochen. Wir tauschen nur einige Ausrufe aus, die man nicht »sprechen« nennen kann. Mit »also« wird der Kampf eingeleitet, »Schuft« stöhnt manchmal einer unter dem Griff des andern, »jetzt« begleitet einen überraschenden Stoß, »Aufhören!« bedeutet Schluß aber man kämpft noch immer ein Weilchen weiter. Meistens springt er sogar noch von der Tür einmal ins Zimmer zurück und gibt mir einen Stoß, daß ich hinfalle. Aus seinem Zimmer ruft er mir dann durch die Wand Gute Nacht zu. Ich müßte, falls ich diese Bekanntschaft endgiltig aufgeben wollte, mein Zimmer kündigen, denn das Versperren der Türe hilft nichts. Einmal hatte ich die Türe versperrt, weil ich lesen wollte, aber mein Nachbar schlug die Tür mit der Hacke entzwei und da er, was er einmal gefaßt hat, nur schwer aufgeben kann, war ich sogar von der Hacke gefährdet. Ich verstehe mich anzupassen. Da er immer zu bestimmter Stunde kommt, nehme ich eine leichte Arbeit vor, die ich wenn nötig sofort unterbrechen kann. Das muß ich so einrichten, denn kaum erscheint er in der Tür muß ich alles liegen lassen denn er will ja nur kämpfen sonst nichts. Fühle ich mich kräftig, so reize ich ihn ein wenig, indem ich ihm zu erst auszuweichen suche. Ich krieche unter dem Tisch durch ich werfe ihm Stühle vor die Füße, ich zwinkere ihm aus der Ferne zu, trotzdem es natürlich geschmacklos ist mit einem fremden Menschen solche ganz einseitig bleibenden Späße zu machen. Aber meistens schließen sich unsere Körper gleich zum Kampf zusammen. Offenbar ist er ein Student, lernt den ganzen Tag und will am Abend vor dem Schlafengehn noch rasch Bewegung machen. Nun, an mir hat er einen guten Gegner, ich bin vielleicht,

wenn man vom Glückswechsel absieht, der stärkere und geschicktere von uns beiden. Er aber ist der ausdauerndere.

Einmal brachte er ein Mädchen mit. Während ich grüße und auf ihn nicht achte, springt er auf mich und reißt mich in die Höhe. »Ich protestiere« rief ich und hob die Hand. »Schweig« flüsterte er mir ins Ohr. Ich merkte, daß er um jeden Preis selbst mit schändlichen Griffen vor dem Mädchen siegen wollte, um sich in Glanz zu setzen. »Er hat mir gesagt: ›Schweig‹« rief ich deshalb, den Kopf zum Mädchen hingedreht. »Oh gemeiner Mensch« stöhnte der Mann leise, er verbrauchte an mir alle seine Kraft. Immerhin schleppte er mich noch zum Kanapee, legte mich hin, kniete auf meinem Rücken nieder, wartete die Wiederkehr der Sprache ab und sagte: »Da liegt er also.« »Er soll es noch einmal versuchen« wollte ich sagen, aber schon nach dem ersten Wort drückte er mir das Gesicht so stark in die Polsterung, daß ich schweigen mußte. »Nun ja« sagte das Mädchen, das sich an meinen Tisch gesetzt hatte und einen dort liegenden angefangenen Brief überlas. »Werden wir nicht schon gehn? Er hat gerade einen Brief angefangen.« »Er wird ihn auch nicht fortsetzen, wenn wir fortgehn. Komm mal her. Greif z. B. hier an den Schenkel, er zittert ja wie ein krankes Tier.« »Ich sage laß ihn und komm.« Sehr widerwillig kroch der Mann von mir hinunter. Ich hätte ihn jetzt durchprügeln können, denn ich war jetzt ausgeruht, er aber hatte alle Muskeln angespannt, um mich niederzuhalten. Er hatte gezittert und hatte geglaubt ich zittere. Er zitterte sogar noch immer. Ich ließ ihn aber in Ruhe, weil das Mädchen zugegen war. »Sie werden sich wahrscheinlich Ihr Urteil über diesen Kampf schon selbst gebildet haben« sagte ich zu dem Mädchen, gieng mit einer Verbeugung an ihm vorüber und setzte mich zum Tisch um den Brief fortzusetzen. »Wer zittert also?« fragte ich, ehe ich zu schreiben anfieng und hielt den Federhalter zum Beweis, daß ich es nicht war, steif in die Luft. Schon im Schreiben rief ich ihnen als sie in der Tür waren, ein kurzes Adieu zu, schlug aber ein wenig mit dem Fuß aus, um wenigstens für mich die Verabschiedung anzudeuten, die wahrscheinlich beide verdient hätten.

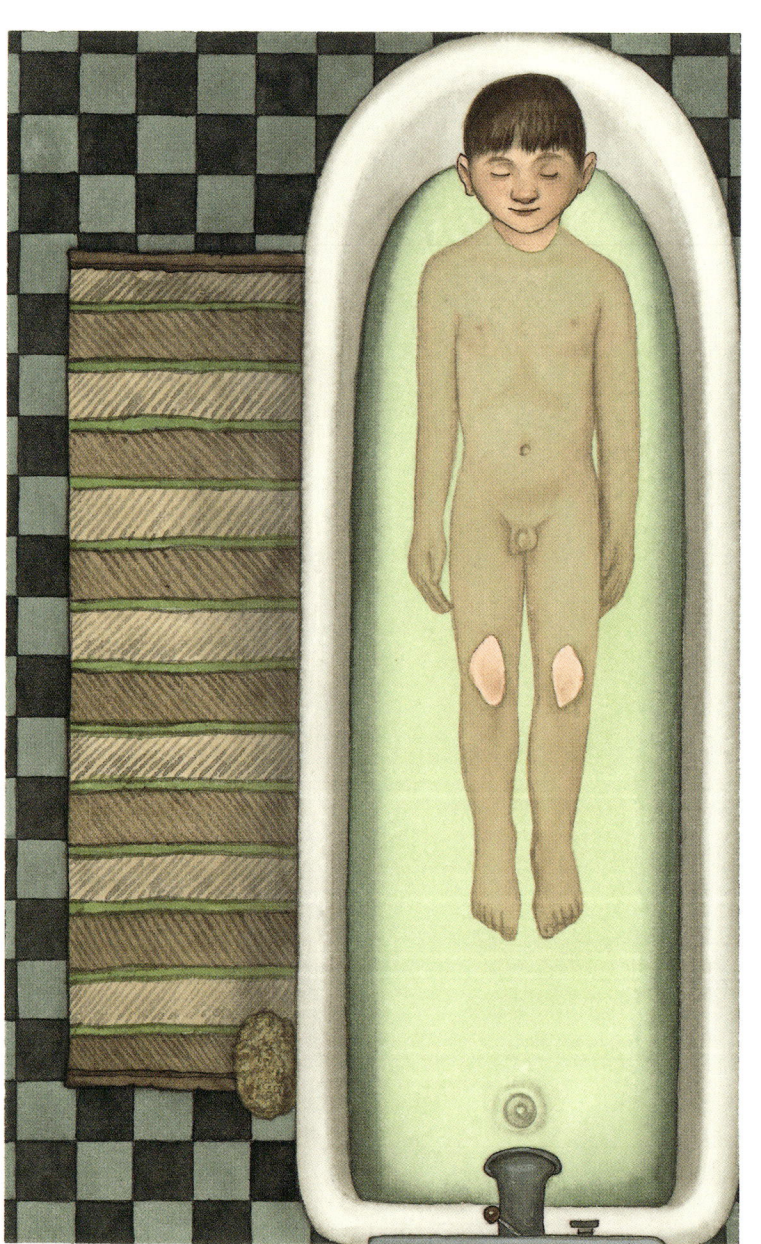

EIN KLEINER JUNGE lag in der Badewanne. Es war das erste Bad, bei dem seinem alten Wunsche nach, weder die Mutter noch das Dienstmädchen zugegen waren. Er hatte sich um dem Befehl der Mutter, die ihm hier und da aus dem Nebenzimmer zurief zu entsprechen, mit dem Schwamm flüchtig bestrichen; dann hatte er sich ausgestreckt und genoß die Unbeweglichkeit im heißen Wasser. Die Gasflamme summte gleichmäßig und im Ofen knisterte das vergehende Feuer. Im Nebenzimmer war es schon lange still, vielleicht hatte sich die Mutter entfernt

IN DER LOGE

Ich saß in der Loge, neben mir meine Frau. Es wurde ein aufregendes Stück gespielt, es handelte von Eifersucht, gerade hob in einem strahlenden von Säulen umgebenen Saal ein Mann den Dolch gegen seine langsam zum Ausgang hin strebende Frau. Gespannt beugte man sich über die Brüstung, ich fühlte an meiner Schläfe das Lockenhaar meiner Frau. Da zuckten wir zurück, etwas bewegte sich auf der Brüstung; was wir für die Samtpolsterung der Brüstung gehalten hatten, war der Rücken eines langen dünnen Mannes, der, genau so schmal wie die Brüstung, bis jetzt bäuchlings da gelegen war und sich jetzt langsam wendete, als suche er eine bequemere Lage. Meine Frau hielt sich zitternd an mich. Ganz nah vor mir war sein Gesicht, schmäler als meine Hand, peinlich rein wie eine Wachsfigur, mit schwarzem Spitzbart. »Warum erschrecken Sie uns?« rief ich, »was treiben Sie hier?« »Entschuldigung!« sagte der Mann, »ich bin ein Verehrer Ihrer Frau; ihre Elbogen auf meinem Körper fühlen macht mich glücklich.« »Emil, ich bitte Dich, schütze mich«, rief meine Frau. »Auch ich heiße Emil«, sagte der Mann, stützte den Kopf auf eine Hand und lag da wie auf einem Ruhebett. »Komm zu mir, süßes Frauchen.« »Sie Lump«, sagte ich, »noch ein Wort und Sie liegen unten im Parterre«, und als sei ich sicher daß dieses Wort noch kommen werde, wollte ich ihn schon hinunterstoßen, aber das war nicht so einfach, er schien doch fest zur Brüstung zu gehören, er war wie eingebaut, ich wollte ihn wegwälzen, aber es gelang nicht, er lachte nur und sagte: »Laß das, Du kleiner Dummer, entkräfte Dich nicht vorzeitig, der Kampf beginnt erst und wird allerdings damit enden, daß Deine Frau meine Sehnsucht erfüllt.« »Niemals!« rief meine Frau und dann zu mir gewendet: »also bitte stoß ihn doch schon hinunter.« »Ich kann es nicht«, rief ich, »Du siehst doch wie ich

mich anstrenge, aber es ist hier irgendein Betrug und es geht nicht.«
»Oh weh, oh weh«, klagte meine Frau, »was wird aus mir werden.«
»Sei ruhig«, sagte ich, »ich bitte Dich, durch Deine Aufregung
machst Du es nur ärger, ich habe jetzt einen neuen Plan, ich werde
mit meinem Messer hier den Samt aufschneiden und dann das
Ganze mit dem Kerl hinunter ausschütten.« Aber nun konnte ich
mein Messer nicht finden. »Weißt Du nicht wo ich mein Messer
habe«, fragte ich. »Sollte ich es im Mantel gelassen haben?« Fast
wollte ich in die Garderobe laufen, da brachte mich meine Frau zur
Besinnung. »Jetzt willst Du mich allein lassen, Emil«, rief sie. »Aber
wenn ich kein Messer habe«, rief ich zurück. »Nimm meines«, sagte
sie und suchte mit zitternden Fingern in ihrem Täschchen, aber dann
brachte sie natürlich nur ein winziges Perlmuttermesserchen hervor.

ZWEI DICKE FRAUEN

»Worauf beruht Deine Macht?«

»Du hältst mich für mächtig?«

»Ich halte Dich für sehr mächtig und fast ebenso wie Deine Macht bewundere ich die Zurückhaltung, die Uneigennützigkeit mit der Du sie ausübst oder vielmehr die Entschlußkraft und Überzeugtheit mit der Du diese Macht gegen Dich selbst ausübst. Nicht nur daß Du Dich zurückhältst, Du bekämpfst Dich sogar. Nach den Gründen warum Du das tust frage ich nicht, sie sind Dein eigenstes Eigentum, nur nach der Herkunft Deiner Macht frage ich. Berechtigt dazu glaube ich dadurch zu sein, daß ich diese Macht erkannt habe wie es bisher nicht vielen gelungen ist und daß ich schon ihre Drohung – mehr ist sie heute infolge Deiner Selbstbeherrschung noch nicht – als etwas Unwiderstehliches fühle.«

»Deine Frage kann ich leicht beantworten: meine Macht beruht auf meinen zwei Frauen.«

»Auf Deinen Frauen?«

»Ja. Du kennst sie doch?«

»Meinst Du die Frauen, die ich gestern in Deiner Küche gesehn habe?«

»Ja.«

»Die zwei dicken Frauen?«

»Ja.«

»Diese Frauen. Ich habe sie kaum beachtet. Sie sahen, verzeih, wie zwei Köchinnen aus. Aber nicht ganz rein waren sie, nachlässig angezogen.«

»Ja, das sind sie.«

»Nun, wenn Du etwas sagst, glaube ich es sofort, nur bist Du mir jetzt noch unverständlicher, als früher, ehe ich von den Frauen wußte.«

»Es ist aber kein Rätsel, es liegt offen da, ich werde es Dir zu erzählen versuchen. Ich lebe also mit diesen Frauen, Du hast sie in der Küche gesehn, aber sie kochen nur selten, das Essen wird meistens

aus der Restauration gegenüber geholt, einmal holt es Resi, einmal Alba. Es ist eigentlich niemand dagegen, daß zuhause gekocht wird, aber es ist zu schwierig, weil sich die zwei nicht vertragen, d.h. sie vertragen sich ausgezeichnet, aber nur wenn sie ruhig nebeneinander leben. Sie können z.B. stundenlang ohne zu schlafen friedlich auf

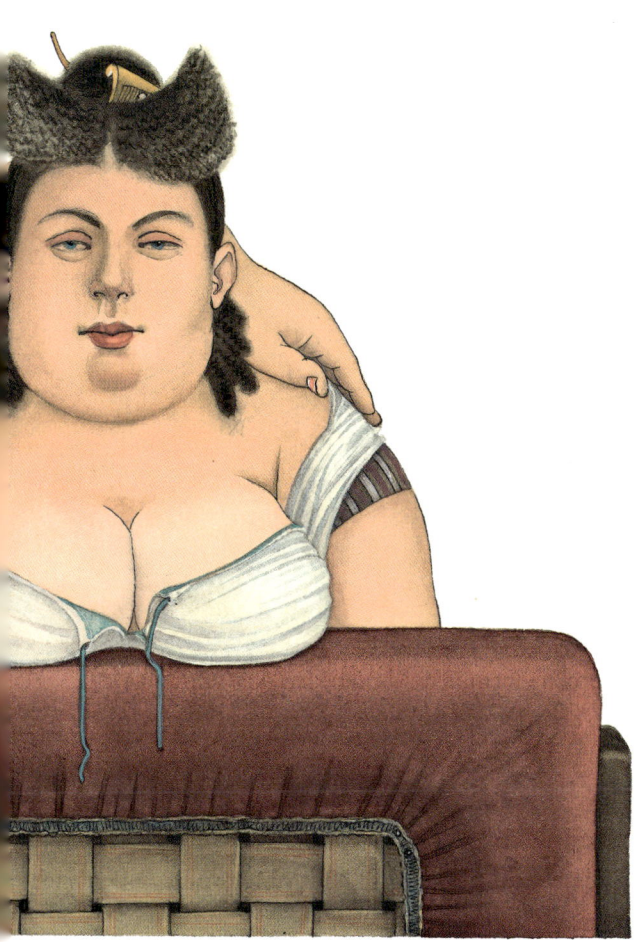

dem schmalen Kanapee nebeneinander liegen, was schon wegen ihrer Dicke nichts Geringes ist. Aber bei der Arbeit vertragen sie sich nicht, sofort entsteht Streit und aus dem Streit gleich Prügel. Darum sind wir übereingekommen – sie sind vernünftiger Rede sehr zugänglich – daß möglichst wenig gearbeitet wird. Es entspricht das übrigens auch ihrer Natur. Sie glauben die Wohnung z.B. besonders gut aufgeräumt zu haben und dabei ist sie so schmutzig, daß mich der Schritt über die Türschwelle ekelt, habe ich ihn aber getan, gewöhne ich mich leicht ein.

Mit der Arbeit ist jeder Anlaß zum Streit beseitigt, insbesondere Eifersucht ist ihnen gänzlich unbekannt. Woher käme auch Eifersucht? Ich unterscheide sie ja kaum von einander. Vielleicht sind Alba's Nase und Lippen noch etwas negerhafter als bei Resi, aber manchmal scheint mir wieder das Gegenteil richtig. Vielleicht hat Resi etwas weniger Haare als Alba – eigentlich hat sie schon unerlaubt wenig Haare – aber achte ich denn darauf? Ich bleibe dabei daß ich sie kaum unterscheide.

Auch komme ich ja von der Arbeit erst abends nachhause, bei Tag sehe ich sie längere Zeit nur Sonntags. Ich komme also, da ich mich gern nach der Arbeit möglichst lange allein herumtreibe spät nachhause. Aus Sparsamkeit machen wir abends kein Licht. Ich habe wirklich kein Geld dazu, das Aushalten der Frauen, die eigentlich unaufhörlich zu essen imstande sind, braucht meinen ganzen Lohn auf. Ich läute also abends an der dunklen Wohnung. Ich höre wie die zwei Frauen mit Schnaufen zur Tür kommen. Resi oder Alba sagt: ›Das ist er‹, und beide fangen noch stärker zu schnaufen an. Wäre statt meiner ein Fremder dort, er könnte davor Angst bekommen.

Dann öffnen sie und ich mache gewöhnlich den Spaß, daß ich kaum daß eine Spalte geöffnet ist mich hineinzwänge und beide gleichzeitig um den Hals fasse. ›Du‹, sagt eine, das bedeutet: ›so unglaublich bist Du‹ und beide lachen mit tiefen Gurgellauten. Nun sind sie nur noch mit mir beschäftigt und würde ich nicht eine Hand ihnen entwinden und die Tür schließen, bliebe sie die ganze Nacht offen.

Dann immer der Weg durch das Vorzimmer, dieser paar Schritte lange und Viertelstunden dauernde Weg, auf dem sie mich fast tragen. Ich bin ja wirklich müde nach dem gar nicht leichten Tag und einmal lege ich den Kopf auf Resi's, einmal auf Albas weiche Schulter. Beide sind fast nackt, nur im Hemd, so sind sie auch den größten Teil des Tags, nur wenn ein Besuch angesagt ist, wie letzthin der Deine, ziehn sie paar schmutzige Fetzen an.

Dann kommen wir zu meinem Zimmer und gewöhnlich stoßen sie mich hinein, selbst aber bleiben sie draußen und schließen die Tür. Es ist ein Spiel, denn jetzt kämpfen sie darum, welche zuerst eintreten darf. Es ist nicht etwa Eifersucht, nicht wirklicher Kampf, nur Spiel. Ich höre die leichten lauten Schläge, die sie einander geben, das Schnaufen, das jetzt schon wirkliche Atemnot bedeutet, hie und da paar Worte. Schließlich mache ich selbst die Tür auf und sie stürzen herein, heiß, mit zerrissenen Hemden und dem beißenden Geruch ihres Atems. Dann fallen wir auf den Teppich nieder und nun wird es allmählich still.«

»Nun, warum schweigst Du?«

»Ich vergaß den Zusammenhang. Wie war es? Du fragtest mich nach der Herkunft meiner angeblichen Macht und ich nannte die Frauen. Nun ja, so ist es, aus den Frauen kommt meine Macht.«

»Aus dem bloßen Zusammenleben mit ihnen?«

»Aus dem Zusammenleben.«

»Du bist so schweigsam geworden.«

»Du siehst, meine Macht hat Grenzen. Irgendetwas befiehlt mir zu schweigen. Leb wohl.«

ZWANZIG KLEINE TOTENGRÄBER

Zwanzig kleine Totengräber, keiner größer als ein durchschnittlicher Tannenzapfen, bilden eine selbstständige Gruppe. Sie haben eine Holzbaracke im Bergwald, dort ruhen sie von ihrer schweren Arbeit aus. Es ist dort viel Rauch, Geschrei und Gesang, wie es eben ist, wenn zwanzig Arbeiter beisammen sind. Wie fröhlich diese Leute sind! Niemand bezahlt sie, niemand rüstet sie aus, niemand hat ihnen einen Auftrag gegeben. Auf eigene Faust haben sie sich ihre Arbeit erwählt, auf eigene Faust führen sie sie aus. Es gibt noch Mannesgeist in unserer Zeit. Nicht jeden würde ihre Arbeit befriedigen, vielleicht

befriedigt sie auch diese Leute nicht ganz, aber sie lassen nicht ab vom einmal gefaßten Entschluß, sie sind ja gewöhnt die schwersten Lasten durch das dichteste Gebüsch zu zerren. Von Morgen bis Mitternacht dauert der Festlärm. Die einen erzählen, die andern singen, es gibt auch welche die stumm die Pfeife rauchen, alle aber helfen der großen Schnapsflasche den Tisch umwandern. Um Mitternacht erhebt sich der Führer und schlägt auf den Tisch, die Männer nehmen ihre Mützen vom Nagel; Seile, Schaufeln und Hacken aus der Ecke, sie ordnen sich zum Zuge, immer zwei und zwei.

EIN CHINESER

Alt, in großer Leibesfülle, unter leichten Herzbeschwerden lag ich
nach dem Mittagessen einen Fuß am Boden auf dem Ruhebett und
las ein geschichtliches Werk. Die Magd kam und meldete, zwei
Finger an den zugespitzten Lippen, einen Gast. »Wer ist es?« fragte
ich, ärgerlich darüber zu einer Zeit da ich den Nachmittagskaffee
erwartete, einen Gast empfangen zu sollen. »Ein Chineser«, sagte die
Magd und unterdrückte krampfhaft sich drehend ein Lachen, das
der Gast vor der Tür nicht hören sollte. »Ein Chinese? Zu mir? Ist
er in Chinesenkleidung?« Die Magd nickte noch immer mit dem
Lachreiz kämpfend. »Nenn ihm meinen Namen, frag ob er wirklich
mich besuchen will, der ich unbekannt im Nachbarhaus, wie sehr erst
unbekannt in China bin.« Die Magd schlich zu mir und flüsterte:
»Er hat nur eine Visitkarte, darauf steht, daß er vorgelassen zu
werden bittet. Deutsch kann er nicht, er redet eine unverständliche
Sprache, die Karte ihm wegzunehmen fürchte ich mich.« »Er soll
kommen«, rief ich, warf in der Erregtheit, in die ich durch mein
Herzleiden oft geriet, das Buch zu Boden und verfluchte die Un-
geschicklichkeit der Magd. Aufstehend und meine Riesengestalt
reckend, mit der ich in dem niedrigen Zimmer jeden Besucher
erschrecken mußte, gieng ich zur Tür. Tatsächlich hatte mich der
Chinese kaum erblickt, als er gleich wieder hinaushuschte. Ich langte
nur in den Gang und zog den Mann vorsichtig an seinem Seiden-
gürtel zu mir herein. Es war offenbar ein Gelehrter, klein, schwach,
mit Hornbrille, steifem, schütterm grauschwarzem Ziegenbart. Ein
freundliches Männchen, hielt den Kopf geneigt und lächelte mit
halbgeschlossenen Augen

BLUMFELD

Blumfeld ein älterer Junggeselle stieg eines Abends zu seiner Wohnung hinauf, was eine mühselige Arbeit war, denn er wohnte im
sechsten Stock. Während des Hinaufsteigens dachte er, wie öfters in
der letzten Zeit daran, daß dieses vollständig einsame Leben recht
lästig sei, daß er jetzt diese sechs Stockwerke förmlich im Geheimen
hinaufsteigen müsse um oben in seinem leeren Zimmer anzukom-
men, dort wieder förmlich im Geheimen den Schlafrock anzuziehn,
die Pfeife anzustecken, in der französischen Zeitschrift, die er schon
seit Jahren abonniert hatte, ein wenig zu lesen, dazu an einem von
ihm selbst bereiteten Kirschenschnaps zu nippen und schließlich
nach einer halben Stunde zu Bett zu gehn, nicht, ohne vorher das
Bettzeug vollständig umordnen zu müssen, das die jeder Belehrung
unzugängliche Bedienerin immer nach ihrer Laune hinwarf. Irgend
ein Begleiter, irgendein Zuschauer für diese Tätigkeiten wäre Blumfeld sehr willkommen gewesen. Er hatte schon überlegt, ob er sich
nicht einen kleinen Hund anschaffen solle. Ein solches Tier ist lustig
und vor allem dankbar und treu; ein Kollege von Blumfeld hat einen
solchen Hund, er schließt sich niemandem an, außer seinem Herrn,
und hat er ihn paar Augenblicke nicht gesehn, empfängt er ihn gleich
mit großem Bellen, womit er offenbar seine Freude darüber ausdrücken will, seinen Herrn, diesen außerordentlichen Wohltäter wieder gefunden zu haben. Allerdings hat ein Hund auch Nachteile.
Selbst wenn er noch so reinlich gehalten wird, verunreinigt er das
Zimmer. Das ist gar nicht zu vermeiden, man kann ihn nicht jedes-
mal, ehe man ihn ins Zimmer hineinnimmt, in heißem Wasser
baden, auch würde das seine Gesundheit nicht vertragen. Unreinlichkeit in seinem Zimmer aber verträgt wieder Blumfeld nicht, die
Reinheit seines Zimmers ist ihm etwas Unentbehrliches, mehrmals

in der Woche hat er mit der in diesem Punkte leider nicht sehr peinlichen Bedienerin Streit. Da sie schwerhörig ist, zieht er sie gewöhnlich am Arm zu jenen Stellen des Zimmers, wo er an der Reinlichkeit etwas auszusetzen hat. Durch diese Strenge hat er es erreicht, daß die Ordnung im Zimmer annähernd seinen Wünschen entspricht. Mit der Einführung eines Hundes würde er aber geradezu den bisher so sorgfältig abgewehrten Schmutz freiwillig in sein Zimmer leiten. Flöhe, die ständigen Begleiter der Hunde würden sich einstellen. Waren aber einmal Flöhe da, dann war auch der Augenblick nicht mehr fern, an dem Blumfeld sein behagliches Zimmer dem Hund überlassen und ein anderes Zimmer suchen würde. Unreinlichkeit war aber nur ein Nachteil der Hunde. Hunde werden auch krank und Hundekrankheiten versteht doch eigentlich niemand. Dann hockt dieses Tier in einem Winkel oder hinkt herum, winselt, hüstelt, würgt an irgendeinem Schmerz, man umwickelt es mit einer Decke, pfeift ihm etwas vor, schiebt ihm Milch hin, kurz pflegt es in der Hoffnung, daß es sich, wie dies ja auch möglich ist, um ein vorübergehendes Leiden handelt, indessen aber kann es eine ernsthafte widerliche und ansteckende Krankheit sein. Und selbst wenn der Hund gesund bleibt, so wird er doch später einmal alt, man hat sich nicht entschließen können das treue Tier rechtzeitig wegzugeben und es kommt dann die Zeit, wo einen das eigene Alter aus den tränenden Hundeaugen anschaut. Dann muß man sich aber mit dem halbblinden, lungenschwachen, vor Fett fast unbeweglichen Tier quälen und damit die Freuden, die der Hund früher gemacht hat, teuer bezahlen. So gern Blumfeld einen Hund jetzt hätte, so will er doch lieber noch dreißig Jahre allein die Treppe hinaufsteigen, statt später von einem solchen alten Hund belästigt zu werden, der noch lauter seufzend als er selbst sich neben ihm von Stufe zu Stufe hinaufschleppt.

So wird also Blumfeld doch allein bleiben, er hat nicht etwa die

Gelüste einer alten Jungfer, die irgendein untergeordnetes lebendiges Wesen in ihrer Nähe haben will, das sie beschützen darf, mit dem sie zärtlich sein kann, welches sie immerfort bedienen will, so daß ihr also zu diesem Zweck eine Katze, ein Kanarienvogel oder selbst Goldfische genügen. Und kann es das nicht sein, so ist sie sogar mit Blumen vor dem Fenster zufrieden. Blumfeld dagegen will nur einen Begleiter haben, ein Tier, um das er sich nicht viel kümmern muß, dem ein gelegentlicher Fußtritt nicht schadet, das im Notfall auch auf der Gasse übernachten kann, das aber, wenn es Blumfeld danach verlangt, gleich mit Bellen, Springen, Händelecken zur Verfügung steht. Etwas derartiges will Blumfeld, da er es aber, wie er einsieht ohne allzugroße Nachteile nicht haben kann, so verzichtet er darauf, kommt aber seiner gründlichen Natur entsprechend von Zeit zu Zeit, z.B. an diesem Abend, wieder auf die gleichen Gedanken zurück.

Als er oben vor seiner Zimmertür den Schlüssel aus der Tasche holt, fällt ihm ein Geräusch auf, das aus seinem Zimmer kommt. Ein eigentümliches klapperndes Geräusch, sehr lebhaft aber, sehr regelmäßig. Da Blumfeld gerade an Hunde gedacht hat, erinnert es ihn an das Geräusch, das Pfoten hervorbringen, wenn sie abwechselnd auf den Boden schlagen. Aber Pfoten klappern nicht, es sind nicht Pfoten. Er schließt eilig die Tür auf und dreht das elektrische Licht auf. Auf diesen Anblick war er nicht vorbereitet. Das ist ja Zauberei, zwei kleine weiße blaugestreifte Celluloidbälle springen auf dem Parkett nebeneinander auf und ab; schlägt der eine auf den Boden, ist der andere in der Höhe und unermüdlich führen sie ihr Spiel aus. Einmal im Gymnasium hat Blumfeld bei einem bekannten elektrischen Experiment kleine Kügelchen ähnlich springen sehn, diese aber sind verhältnismäßig große Bälle, springen im freien Zimmer und es wird kein elektrisches Experiment angestellt. Blumfeld bückt sich zu ihnen hinab, um sie genauer anzusehn. Es sind ohne Zweifel gewöhnliche Bälle, sie enthalten wahrscheinlich in ihrem Innern noch einige kleinere Bälle und diese erzeugen das klappernde Geräusch. Blumfeld greift in die Luft, um festzustellen, ob sie nicht etwa an irgendwelchen Fäden hängen, nein, sie bewegen sich ganz selbstständig. Schade daß Blumfeld nicht ein kleines Kind ist, zwei solche Bälle wären für ihn eine freudige Überraschung gewesen, während jetzt das Ganze einen mehr unangenehmen Eindruck auf ihn macht. Es ist doch nicht ganz wertlos als ein unbeachteter Junggeselle nur im Geheimen zu leben, jetzt hat irgendjemand, gleichgültig wer, dieses Geheimnis gelüftet und ihm diese zwei komischen Bälle hereingeschickt.

Er will einen fassen aber sie weichen vor ihm zurück und locken ihn ins Zimmer hinter sich her. »Es ist doch zu dumm«, denkt er, »so hinter den Bällen herzulaufen«, bleibt stehn und sieht ihnen nach, wie sie, da die Verfolgung aufgegeben scheint, auch auf der gleichen Stelle bleiben. »Ich werde sie aber doch zu fangen suchen«, denkt er dann wieder und eilt zu ihnen. Sofort flüchten sie sich, aber Blumfeld drängt sie mit auseinandergestellten Beinen in eine Zimmerecke und vor dem Koffer der dort steht, gelingt es ihm einen Ball zu fangen. Es ist ein kühler kleiner Ball und dreht sich in seiner Hand, offenbar begierig zu entschlüpfen. Und auch der andere Ball, als sehe er die Not seines Kameraden, springt höher als früher, und dehnt die Sprünge bis er Blumfelds Hand berührt. Er schlägt gegen diese Hand, schlägt in immer schnellern Sprüngen, ändert die Angriffspunkte, springt dann, da er gegen die Hand die den andern Ball ganz umschließt nichts ausrichten kann, noch höher und will wahrscheinlich Blumfelds Gesicht erreichen. Blumfeld könnte auch diesen Ball fangen und beide irgendwo einsperren, aber es scheint ihm im Augenblick zu entwürdigend, solche Maßnahmen gegen zwei kleine Bälle zu ergreifen. Es ist doch auch ein Spaß zwei solche Bälle zu besitzen, auch werden sie bald genug müde werden, unter einen Schrank rollen und Ruhe geben. Trotz dieser Überlegung schleudert aber Blumfeld in einer Art Zorn den Ball zu Boden, es ist ein Wunder daß hiebei die schwache fast durchsichtige Celluloidhülle nicht zerbricht. Ohne Übergang nehmen die zwei Bälle ihre frühern niedrigen gegenseitig abgestimmten Sprünge wieder auf.

Blumfeld entkleidet sich ruhig, ordnet die Kleider im Kasten, er pflegt immer genau nachzusehn, ob die Bedienerin alles in Ordnung zurückgelassen hat. Ein- oder zweimal schaut er über die Schulter weg nach den Bällen, die unverfolgt jetzt sogar ihn zu verfolgen scheinen, sie sind ihm nachgerückt und springen nun knapp hinter ihm. Blumfeld zieht den Schlafrock an und will zu der gegenüberliegenden Wand, um eine der Pfeifen zu holen, die dort in einem Gestell hängen. Unwillkürlich schlägt er, ehe er sich umdreht, mit einem Fuß nach hinten aus, die Bälle aber verstehen es auszuweichen und werden nicht getroffen. Als er nun um die Pfeife geht, schließen sich ihm die Bälle gleich an, er schlurft mit den Pantoffeln, macht unregelmäßige Schritte, aber doch folgt jedem Auftreten fast ohne Pause ein Aufschlag der Bälle, sie halten mit ihm Schritt. Blumfeld dreht sich unerwartet um, um zu sehn, wie die Bälle das zustandebringen. Aber kaum hat er sich umgedreht, beschreiben die Bälle einen Halbkreis und sind schon wieder hinter ihm; und das wiederholt sich, sooft er sich umdreht. Wie untergeordnete Begleiter, suchen sie es zu vermeiden, vor Blumfeld sich aufzuhalten. Bis jetzt haben sie es scheinbar nur gewagt, um sich ihm vorzustellen, jetzt aber haben sie bereits ihren Dienst angetreten.

Bisher hat Blumfeld immer in allen Ausnahmsfällen, wo seine Kraft nicht hinreiche um die Lage zu beherrschen, das Aushilfsmittel gewählt, so zu tun als bemerke er nichts. Es hat oft geholfen und meistens die Lage wenigstens verbessert. Er verhält sich also auch jetzt so, steht vor dem Pfeifengestell, wählt mit aufgestülpten Lippen eine Pfeife, stopft sie besonders gründlich aus dem bereitgestellten Tabaksbeutel und läßt unbekümmert hinter sich die Bälle ihre Sprünge machen. Nur zum Tisch zu gehn zögert er, den Gleichtakt der Sprünge und seiner eigenen Schritte zu hören, schmerzt ihn fast. So steht er, stopft die Pfeife unnötig lange und prüft die Entfernung die ihn vom Tische trennt. Endlich aber überwindet er seine Schwäche und legt die Strecke unter solchem Fußstampfen zurück, daß er die Bälle gar nicht hört. Als er sitzt springen sie allerdings hinter seinem Sessel wieder vernehmlich wie früher.

Über dem Tisch ist in Griffnähe an der Wand ein Brett angebracht, auf dem die Flasche mit dem Kirschenschnaps von kleinen Gläschen umgeben steht. Neben ihr liegt ein Stoß von Heften der französischen Zeitschrift. Aber statt alles, was er benötigt, herunterzuholen, sitzt Blumfeld still und blickt in den noch immer nicht entzündeten Pfeifenkopf. Er ist auf der Lauer, plötzlich ganz unerwartet weicht seine Erstarrung und er dreht sich in einem Ruck mit dem Sessel um. Aber auch die Bälle sind entsprechend wachsam oder folgen gedankenlos dem sie beherrschenden Gesetz, gleichzeitig mit Blumfelds Umdrehung verändern auch sie ihren Ort und verbergen sich hinter seinem Rücken. Nun sitzt Blumfeld mit dem Rücken zum Tisch, die kalte Pfeife in der Hand. Die Bälle springen jetzt unter dem Tisch und sind, da dort ein Teppich ist, nur wenig zu hören. Das ist ein großer Vorteil; es gibt nur ganz schwache dumpfe Geräusche, man muß sehr aufmerken, um sie mit dem Gehör noch zu erfassen. Blumfeld allerdings ist sehr aufmerksam und hört sie genau. Aber das ist nur jetzt so, in einem Weilchen wird er sie wahrscheinlich gar nicht mehr hören. Daß sie sich auf Teppichen so wenig bemerkbar machen können, scheint Blumfeld eine große Schwäche der Bälle zu sein. Man muß ihnen nur einen oder noch besser zwei Teppiche unterschieben und sie sind fast machtlos. Allerdings nur für eine bestimmte Zeit und außerdem bedeutet schon ihr Dasein eine gewisse Macht.

Jetzt könnte Blumfeld einen Hund gut brauchen, so ein junges wildes Tier würde mit den Bällen bald fertig werden; er stellt sich vor wie dieser Hund mit den Pfoten nach ihnen hascht, wie er sie von ihrem Posten vertreibt, wie er sie kreuz und quer durchs Zimmer jagt und sie schließlich zwischen seine Zähne bekommt. Es ist leicht möglich, daß sich Blumfeld in nächster Zeit einen Hund anschafft.

Vorläufig aber müssen die Bälle nur Blumfeld fürchten und er hat jetzt keine Lust sie zu zerstören, vielleicht fehlt es ihm auch nur an Entschlußkraft dazu. Er kommt abend müde aus der Arbeit und nun, wo er Ruhe so nötig hat, wird ihm diese Überraschung bereitet. Er fühlt erst jetzt wie müde er eigentlich ist. Zerstören wird er ja die Bälle gewiß undzwar in allernächster Zeit, aber vorläufig nicht und wahrscheinlich erst am nächsten Tag. Wenn man das Ganze unvoreingenommen ansieht, führen sich übrigens die Bälle genügend bescheiden auf. Sie könnten beispielsweise von Zeit zu Zeit vorspringen, sich zeigen und wieder an ihren Ort zurückkehren, oder sie könnten höher springen, um an die Tischplatte zu schlagen und sich für die Dämpfung durch den Teppich zu entschädigen. Aber das tun sie nicht, sie wollen Blumfeld nicht unnötig reizen, sie beschränken sich offenbar nur auf das unbedingt Notwendige.

Allerdings genügt auch dieses Notwendige, um Blumfeld den Aufenthalt beim Tisch zu verleiden. Er sitzt erst paar Minuten dort und denkt schon daran schlafen zu gehn. Einer der Beweggründe dafür ist auch der, daß er hier nicht rauchen kann, denn er hat die Zündhölzchen auf das Nachttischchen gelegt. Er müßte also diese Zündhölzchen holen, wenn er aber einmal beim Nachttisch ist, ist es wohl besser schon dortzubleiben und sich niederzulegen. Er hat hiebei auch noch einen Hintergedanken, er glaubt nämlich, daß die Bälle in ihrer blinden Sucht sich immer hinter ihm zu halten, auf das Bett springen werden und daß er sie dort, wenn er sich dann niederlegt, mit oder ohne Willen zerdrücken wird. Den Einwand daß etwa auch noch die Reste der Bälle springen könnten, lehnt er ab. Auch das Ungewöhnliche muß Grenzen haben. Ganze Bälle springen auch sonst, wenn auch nicht ununterbrochen, Bruchstücke von Bällen dagegen springen niemals, und werden also auch hier nicht springen.

»Auf!« ruft er durch diese Überlegung fast mutwillig gemacht und stampft wieder mit den Bällen hinter sich zum Bett. Seine Hoffnung scheint sich zu bestätigen; wie er sich absichtlich ganz nahe ans Bett stellt, springt sofort ein Ball auf das Bett hinauf. Dagegen tritt das Unerwartete ein, daß der andere Ball sich unter das Bett begibt. An die Möglichkeit, daß die Bälle auch unter dem Bett springen könnten, hat Blumfeld gar nicht gedacht. Er ist über den einen Ball entrüstet, trotzdem er fühlt, wie ungerecht das ist, denn durch das Springen unter dem Bett erfüllt der Ball seine Aufgabe vielleicht noch besser, als der Ball auf dem Bett. Nun kommt alles darauf an, für welchen Ort sich die Bälle entscheiden, denn daß sie lang getrennt arbeiten könnten, glaubt Blumfeld nicht. Und tatsächlich springt im nächsten Augenblick auch der untere Ball auf das Bett hinauf. »Jetzt habe ich sie«, denkt Blumfeld heiß vor Freude und reißt den Schlafrock vom Leib, um sich ins Bett zu werfen. Aber gerade springt der gleiche Ball wieder unter das Bett. Übermäßig enttäuscht sinkt Blumfeld förmlich zusammen. Der Ball hat sich wahrscheinlich oben nur umgesehn und es hat ihm nicht gefallen. Und nun folgt ihm auch der andere und bleibt natürlich unten, denn unten ist es besser. »Nun werde ich diese Trommler die ganze Nacht hier haben«, denkt Blumfeld, beißt die Lippen zusammen und nickt mit dem Kopf.

Er ist traurig ohne eigentlich zu wissen, womit ihm die Bälle in der Nacht schaden könnten. Sein Schlaf ist ausgezeichnet, er wird das kleine Geräusch leicht überwinden. Um dessen ganz sicher zu sein, schiebt er ihnen entsprechend der gewonnenen Erfahrung zwei Teppiche unter. Es ist als hätte er einen kleinen Hund, den er weich betten will. Und als wären auch die Bälle müde und schläfrig, sind auch ihre Sprünge niedriger und langsamer als früher. Wie Blumfeld vor dem Bett kniet und mit der Nachtlampe hinunterleuchtet, glaubt er manchmal, daß die Bälle auf den Teppichen für immer liegen bleiben werden, so schwach fallen sie, so langsam rollen sie ein Stückchen weit. Dann allerdings erheben sie sich wieder pflichtgemäß. Es ist aber leicht möglich, daß Blumfeld wenn er früh unter das Bett schaut, dort zwei stille harmlose Kinderbälle finden wird.

Aber sie scheinen die Sprünge nicht einmal bis zum Morgen aushalten zu können, denn schon als Blumfeld im Bett liegt, hört er sie gar nicht mehr. Er strengt sich an, etwas zu hören, lauscht aus dem Bett vorgebeugt, – kein Laut. So stark können die Teppiche nicht wirken, die einzige Erklärung ist, daß die Bälle nicht mehr springen, entweder können sie sich von den weichen Teppichen nicht genügend abstoßen und haben deshalb das Springen vorläufig aufgegeben oder aber, was das Wahrscheinlichere ist, sie werden niemals mehr springen. Blumfeld könnte aufstehn und nachschauen, wie es sich eigentlich verhält, aber in seiner Zufriedenheit darüber, daß endlich Ruhe ist, bleibt er lieber liegen, er will an die ruhiggewordenen Bälle nicht einmal mit den Blicken rühren. Sogar auf das Rauchen verzichtet er gern, dreht sich zur Seite und schläft gleich ein.

Doch bleibt er nicht ungestört; wie sonst immer, ist sein Schlaf auch diesmal traumlos, aber sehr unruhig. Unzähligemale in der Nacht wird er durch die Täuschung aufgeschreckt, als ob jemand an die Türe klopfe. Er weiß auch bestimmt, daß niemand klopft; wer sollte in der Nacht klopfen und an seine eines einsamen Junggesellen Tür. Trotzdem er es aber bestimmt weiß, fährt er doch immer wieder auf und blickt einen Augenblick lang gespannt zur Türe, den Mund offen, die Augen aufgerissen und die Haarsträhnen schütteln sich auf seiner feuchten Stirn. Er macht Versuche zu zählen, wie oft er geweckt wird, aber besinnungslos von den ungeheueren Zahlen die sich ergeben, fällt er wieder in den Schlaf zurück. Er glaubt zu wissen, woher das Klopfen stammt, es wird nicht an der Tür ausgeführt, sondern ganz anderswo, aber er kann sich in der Befangenheit des Schlafes nicht erinnern, worauf sich seine Vermutungen gründen. Er weiß nur daß viele winzige widerliche Schläge sich sammeln, ehe sie das große starke Klopfen ergeben. Aber er würde alle Widerlichkeit der kleinen Schläge erdulden wollen, wenn er das Klopfen vermeiden könnte, aber es ist aus irgendeinem Grunde zu spät, er kann hier nicht eingreifen, es ist versäumt, er hat nicht einmal Worte, nur zum stummen Gähnen öffnet sich sein Mund und wütend darüber, schlägt er das Gesicht in die Kissen. So vergeht die Nacht.

Am Morgen weckt ihn das Klopfen der Bedienerin, mit einem Seufzer der Erlösung begrüßt er dieses sanfte Klopfen über dessen Unhörbarkeit er sich immer beklagt hat. Und will schon »herein« rufen, da hört er noch ein anderes lebhaftes, zwar schwaches, aber förmlich kriegerisches Klopfen. Es sind die Bälle unter dem Bett. Sind sie aufgewacht, haben sie im Gegensatz zu ihm über die Nacht neue Kräfte gesammelt? »Gleich«, ruft Blumfeld der Bedienerin zu, springt aus dem Bett, aber vorsichtiger Weise so, daß er die Bälle im Rücken behält, wirft sich immer den Rücken ihnen zugekehrt auf den Boden, blickt mit verdrehtem Kopf zu den Bällen und – möchte fast fluchen. Wie Kinder, die in der Nacht die lästigen Decken von sich schieben, haben die Bälle wahrscheinlich durch kleine während der ganzen Nacht fortgesetzte Zuckungen die Teppiche so weit unter dem Bett hervorgeschoben, daß sie selbst wieder das freie Parkett unter sich haben und Lärm machen können. »Zurück auf die Teppiche«, sagt Blumfeld mit bösem Gesicht. Erst als die Bälle dank der Teppiche wieder still geworden sind, ruft er die Bedienerin herein. Während diese, ein fettes stumpfsinniges immer steif aufrecht gehendes Weib das Frühstück auf den Tisch stellt und die paar Handreichungen macht, die nötig sind, steht Blumfeld unbeweglich im Schlafrock bei seinem Bett um die Bälle unten festzuhalten. Er folgt der Bedienerin mit den Blicken um festzustellen, ob sie etwas merkt. Bei ihrer Schwerhörigkeit ist das sehr unwahrscheinlich und Blumfeld schreibt es seiner durch den schlechten Schlaf erzeugten Überreiztheit zu, wenn er zu sehen glaubt, daß die Bedienerin doch hie und da stockt, sich an irgendeinem Möbel festhält und mit hochgezogenen Brauen horcht. Er wäre glücklich, wenn er die Bedienerin dazu bringen könnte ihre Arbeit ein wenig zu beschleunigen, aber sie ist fast langsamer als sonst. Umständlich beladet sie sich mit Blumfelds Kleidern und Stiefeln und zieht damit auf den Gang, lange bleibt sie weg, eintönig und ganz vereinzelt klingen die Schläge herüber mit denen sie draußen die Kleider bearbeitet. Und während dieser ganzen Zeit muß Blumfeld auf dem Bett ausharren, darf sich nicht rühren, wenn er nicht die Bälle hinter sich herziehn will, muß den Kaffee den er so gern möglichst warm trinkt auskühlen lassen und kann nichts anderes tun als den herabgelassenen Fenstervorhang anstarren, hinter dem der Tag trübe herandämmert. Endlich ist die Bedienerin fertig, wünscht einen guten Morgen und will schon gehn. Aber ehe sie sich endgiltig entfernt, bleibt sie noch bei der Tür stehn, bewegt ein wenig die Lippen und sieht Blumfeld mit langem Blicke an. Blumfeld will sie schon zur Rede stellen, da geht sie schließlich. Am liebsten möchte Blumfeld die Tür aufreißen und ihr nachschreien was für ein dummes altes stumpfsinniges Weib sie ist. Als er aber darüber nachdenkt, was er gegen sie eigentlich einzuwenden hat, findet er nur den Widersinn, daß sie zweifellos nichts bemerkt hat und sich doch den Anschein geben wollte als hätte sie etwas bemerkt. Wie verwirrt seine Gedanken sind! Und dies nur von einer schlecht durchschlafenen Nacht! Für den schlechten Schlaf findet er eine kleine Erklärung darin, daß er gestern abend von seinen Gewohnheiten abgewichen ist, nicht geraucht und nicht Schnaps getrunken hat. »Wenn ich einmal«, das ist das Endergebnis seines Nachdenkens, »nicht rauche und nicht Schnaps trinke, schlafe ich schlecht.«

Er wird von jetzt ab mehr auf sein Wohlbefinden achten, und beginnt damit, daß er aus seiner Hausapoteke die über dem Nachttischchen hängt, Watta nimmt und zwei Wattakügelchen sich in die Ohren stopft. Dann steht er auf und macht einen Probeschritt. Die Bälle folgen zwar, aber er hört sie fast nicht, noch ein Nachschub von Watte macht sie ganz unhörbar. Blumfeld führt noch einige Schritte aus, es geht ohne besondere Unannehmlichkeit. Jeder ist für sich, Blumfeld wie die Bälle, sie sind zwar an einander gebunden, aber sie stören einander nicht. Nur als Blumfeld sich einmal rascher umwendet und ein Ball die Gegenbewegung nicht rasch genug machen kann, stößt Blumfeld mit dem Knie an ihn. Es ist der einzige Zwischenfall, im übrigen trinkt Blumfeld ruhig den Kaffee, er hat Hunger als hätte er in dieser Nacht nicht geschlafen, sondern einen langen Weg gemacht, wäscht sich mit kaltem ungemein erfrischendem Wasser und kleidet sich an. Bisher hat er die Vorhänge nicht hochgezogen, sondern ist aus Vorsicht lieber im Halbdunkel geblieben, für die Bälle braucht er keine fremden Augen. Aber als er jetzt zum Weggehn bereit ist muß er die Bälle für den Fall, daß sie es wagen sollten – er glaubt es nicht – ihm auch auf die Gasse zu folgen, irgendwie versorgen. Er hat dafür einen guten Einfall, er öffnet den großen Kleiderkasten und stellt sich mit dem Rücken gegen ihn. Als hätten die Bälle eine Ahnung dessen was beabsichtigt wird, hüten sie sich vor dem Innern des Kastens, jedes Plätzchen, das zwischen Blumfeld und dem Kasten bleibt, nützen sie aus, springen, wenn es nicht anders geht, für einen Augenblick in den Kasten, flüchten sich aber vor dem Dunkel gleich wieder hinaus, über die Kante weiter in den Kasten sind sie gar nicht zu bringen, lieber verletzen sie ihre Pflicht und halten sich fast Blumfeld zur Seite. Aber ihre kleinen Listen sollen ihnen nichts helfen, denn jetzt steigt Blumfeld selbst rücklings in den Kasten und nun müssen sie allerdings folgen. Damit ist aber auch über sie entschieden, denn auf dem Kastenboden liegen verschiedene kleinere Gegenstände wie Stiefel, Schachteln, kleine Koffer, die alle zwar – jetzt bedauert es Blumfeld – wohl geordnet sind, aber doch die Bälle sehr behindern. Und als nun Blumfeld, der inzwischen die Tür des Kastens fast zugezogen hat, mit einem gro-ßen Sprung wie er ihn schon seit Jahren nicht ausgeführt hat den Kasten verläßt, die Tür zudrückt und den Schlüssel umdreht, sind die Bälle eingesperrt. »Das ist also gelungen«, denkt Blumfeld und wischt sich den Schweiß vom Gesicht. Wie die Bälle in dem Kasten lärmen! Es macht den Eindruck, als wären sie verzweifelt. Blumfeld dagegen ist sehr zufrieden. Er verläßt das Zimmer und schon der öde Korridor wirkt wohltuend auf ihn ein. Er befreit die Ohren von der Watte und die vielen Geräusche des erwachenden Hauses entzücken ihn. Menschen sieht man nur wenig, es ist noch sehr früh.

Unten im Flur vor der niedrigen Tür durch die man in die Kellerwohnung der Bedienerin kommt, steht ihr kleiner zehnjähri-ger Junge. Ein Ebenbild seiner Mutter, keine Häßlichkeit der Alten ist in diesem Kindergesicht vergessen worden. Krummbeinig, die Hände in den Hosentaschen steht er dort und faucht, weil er schon jetzt einen Kropf hat und nur schwer Athem holen kann. Während aber Blumfeld sonst wenn ihm der Junge in den Weg kommt, einen eiligern Schritt einschlägt, um sich dieses Schauspiel möglichst zu ersparen, möchte er heute bei ihm fast stehn bleiben wollen. Wenn der Junge auch von diesem Weib auf die Welt gesetzt ist und alle Zeichen seines Ursprungs trägt, so ist er vorläufig doch ein Kind, in diesem unförmlichen Kopf sind doch Kindergedanken, wenn man ihn verständig ansprechen und etwas fragen wird, so wird er wahr-scheinlich mit heller Stimme, unschuldig und ehrerbietig antworten und man wird nach einiger Überwindung auch diese Wangen strei-cheln können. So denkt Blumfeld, geht aber doch vorüber. Auf der Gasse merkt er daß das Wetter freundlicher ist, als er in seinem Zim-mer gedacht hat. Die Morgennebel teilen sich und Stellen blauen

von kräftigem Wind gefegten Himmels erscheinen. Blumfeld verdankt es den Bällen, daß er viel früher aus seinem Zimmer herausgekommen ist als sonst, sogar die Zeitung hat er ungelesen auf dem Tisch vergessen, jedenfalls hat er dadurch viel Zeit gewonnen und kann jetzt langsam gehn. Es ist merkwürdig wie wenig Sorge ihm die Bälle machen, seitdem er sie von sich getrennt hat. Solange sie hinter ihm her waren, konnte man sie für etwas zu ihm Gehöriges halten, für etwas, das bei Beurteilung seiner Person irgendwie mit herangezogen werden mußte, jetzt dagegen waren sie nur ein Spielzeug zuhause im Kasten. Und es fällt hiebei Blumfeld ein, daß er die Bälle vielleicht am besten dadurch unschädlich machen könnte, daß er sie ihrer eigentlichen Bestimmung zuführt. Dort im Flur steht noch der Junge, Blumfeld wird ihm die Bälle schenken, undzwar nicht etwa borgen, sondern ausdrücklich schenken was gewiß gleichbedeutend ist mit dem Befehl zu ihrer Vernichtung. Und selbst wenn sie heil bleiben sollten, so werden sie doch in den Händen des Jungen noch weniger bedeuten als im Kasten, das ganze Haus wird sehn, wie der Junge mit ihnen spielt, andere Kinder werden sich anschließen, die allgemeine Meinung daß es sich hier um Spielbälle und nicht etwa um Lebensbegleiter Blumfelds handelt wird unerschütterlich und unwiderstehlich werden. Blumfeld läuft ins Haus zurück. Gerade ist der Junge die Kellertreppe hinuntergestiegen und will unten die Tür öffnen. Blumfeld muß den Jungen also rufen und seinen Namen aussprechen, der lächerlich ist wie alles was mit diesem Jungen in Verbindung gebracht wird. Er tut es. »Alfred, Alfred«, ruft er. Der Junge zögert lange. »Also komm doch«, ruft Blumfeld, »ich gebe Dir etwas.« Die zwei kleinen Mädchen des Hausmeisters sind aus der gegenüberliegenden Tür herausgekommen und stellen sich neugierig rechts und links von Blumfeld auf. Sie fassen viel schneller auf als der Junge und verstehen nicht, warum er nicht gleich kommt. Sie winken ihm, lassen dabei Blumfeld nicht aus den Augen, können aber nicht ergründen, was für ein Geschenk Alfred erwartet. Die Neugierde plagt sie und sie hüpfen von einem Fuß auf den andern. Blumfeld lacht sowohl über sie als über den Jungen. Dieser scheint sich endlich alles zurechtgelegt zu haben und steigt steif und schwerfällig die Treppe hinauf. Nicht einmal im Gang verläugnet er seine Mutter, die übrigens unten in der Kellertür erscheint. Blumfeld schreit überlaut, damit ihn auch die Bedienerin versteht und die Ausführung seines Auftrags, falls es nötig sein sollte, überwacht. »Ich habe oben«, sagt Blumfeld, »in meinem Zimmer zwei schöne Bälle. Willst Du sie haben?« Der Junge verzieht bloß den Mund, er weiß nicht wie er sich verhalten soll, er dreht sich um und sieht fragend zu seiner Mutter hinunter. Die Mädchen aber fangen gleich an, um Blumfeld herumzuspringen und bitten ihn um die Bälle. »Ihr werdet auch mit ihnen spielen dürfen«, sagt Blumfeld zu ihnen, wartet aber auf die Antwort des Jungen. Er könnte die Bälle gleich den Mädchen schenken, aber sie scheinen ihm zu leichtsinnig und er hat jetzt mehr Vertrauen zu dem Jungen. Dieser hat sich inzwischen bei seiner Mutter, ohne daß Worte gewechselt worden wären, Rat geholt und nickt auf eine neuerliche Frage Blumfelds zustimmend. »Dann gibt Acht«, sagt Blumfeld, der gern übersieht daß er hier für sein Geschenk keinen Dank bekommen wird, »den Schlüssel zu meinem Zimmer hat Deine Mutter, den mußt Du Dir von ihr ausborgen, hier gebe ich Dir den Schlüssel von meinem Kleiderkasten und in diesem Kleiderkasten sind die Bälle. Sperr Kasten und das Zimmer wieder vorsichtig zu. Mit den Bällen aber kannst Du machen was Du willst und mußt sie nicht wieder zurückbringen. Hast Du mich verstanden?« Der Junge hat aber leider nicht verstanden. Blumfeld hat diesem grenzenlos begriffsstützigen Wesen alles besonders klar machen wollen, hat aber gerade infolge dieser Absicht alles zu oft wiederholt, zu oft abwechselnd von Schlüsseln Zimmer und Kasten gesprochen und der Junge starrt ihn infolgedessen nicht wie einen

Wohltäter sondern wie einen Versucher an. Die Mädchen allerdings haben gleich alles begriffen, drängen sich an Blumfeld und strecken die Hände nach dem Schlüssel aus. »Wartet doch«, sagt Blumfeld und ärgert sich schon über alle. Auch vergeht die Zeit, er kann sich nicht mehr lange aufhalten. Wenn doch die Bedienerin endlich sagen wollte, daß sie ihn verstanden hat und alles richtig für den Jungen besorgen wird. Statt dessen steht sie aber noch immer unten an der Tür, lächelt geziert wie verschämte Schwerhörige und glaubt vielleicht daß Blumfeld oben über ihren Jungen in plötzliches Entzücken geraten sei und ihm das kleine Einmaleins abhöre. Blumfeld wieder kann aber doch nicht die Kellertreppe hinuntersteigen und der Bedienerin seine Bitte ins Ohr schreien, ihr Junge möge ihn doch um Gottes Barmherzigkeit willen von den Bällen befreien. Er hat sich schon genug bezwungen, wenn er den Schlüssel zu seinem Kleiderkasten für einen ganzen Tag dieser Familie anvertrauen will. Nicht um sich zu schonen, reicht er hier den Schlüssel dem Jungen, statt ihn selbst hinaufzuführen und ihm dort die Bälle zu übergeben. Aber er kann doch nicht oben die Bälle zuerst wegschenken und sie dann, wie es voraussichtlich geschehen müßte, dem Jungen gleich wieder nehmen, indem er sie als Gefolge hinter sich herzieht. »Du verstehst mich also nicht?« fragt Blumfeld fast wehmütig, nachdem er zu einer neuen Erklärung angesetzt, sie aber unter dem leeren Blick des Jungen gleich wieder abgebrochen hat. Ein solcher leerer Blick macht einen wehrlos. Er könnte einen dazu verführen, mehr zu sagen, als man will, nur damit man diese Leere mit Verstand erfülle.

»Wir werden ihm die Bälle holen«, rufen da die Mädchen. Sie sind schlau, sie haben erkannt, daß sie die Bälle nur durch irgendeine Vermittlung des Jungen erhalten können, daß sie aber auch noch diese Vermittlung selbst bewerkstelligen müssen. Aus dem Zimmer des Hausmeisters schlägt eine Uhr und mahnt Blumfeld zur Eile. »Dann nehmt also den Schlüssel«, sagt Blumfeld und der Schlüssel wird ihm mehr aus der Hand gezogen als daß er ihn hergibt. Die Sicherheit mit der er den Schlüssel dem Jungen gegeben hätte, wäre unvergleichlich größer gewesen. »Den Schlüssel zum Zimmer holt unten von der Frau«, sagt Blumfeld noch, »und bis ihr mit den Bällen zurückkommt müßt ihr beide Schlüssel der Frau geben.« »Ja, ja«, rufen die Mädchen und laufen die Treppe hinunter. Sie wissen alles, durchaus alles, und als sei Blumfeld von der Begriffsstützigkeit des Jungen angesteckt, versteht er jetzt selbst nicht, wie sie seinen Erklärungen alles so schnell hatten entnehmen können.

Nun zerren sie schon unten am Rock der Bedienerin, aber Blumfeld kann, so verlockend es wäre, nicht länger zusehn, wie sie ihre Aufgabe ausführen werden undzwar nicht nur weil schon spät ist, sondern auch deshalb weil er nicht zugegen sein will, wenn die Bälle ans Freie kommen. Er will sogar schon einige Gassen weit entfernt sein, wenn die Mädchen oben erst die Türe seines Zimmers öffnen. Er weiß ja gar nicht, wessen er sich von den Bällen noch versehen kann! Und so tritt er zum zweitenmal an diesem Morgen ins Freie. Er hat noch gesehn, wie die Bedienerin sich gegen die Mädchen förmlich wehrt und der Junge die krummen Beine rührt, um der Mutter zur Hilfe zu kommen. Blumfeld begreift nicht, warum solche Menschen wie die Bedienerin auf dieser Welt gedeihen und sich fortpflanzen.

Während des Weges in die Wäschefabrik, in der Blumfeld angestellt ist, bekommen die Gedanken an die Arbeit allmählich über alles andere die Oberhand. Er beschleunigt seine Schritte und trotz der Verzögerung, die der Junge verschuldet hat, ist er der erste in seinem Bureau. Dieses Bureau ist ein kleiner mit Glas verschalter Raum, es enthält einen Schreibtisch für Blumfeld und zwei Stehpulte für die Blumfeld untergeordneten Praktikanten. Trotzdem diese Stehpulte so klein und schmal sind, als seien sie für Schulkinder bestimmt, ist es doch in dem Bureau sehr eng und die Praktikanten dürfen sich nicht setzen, weil dann für Blumfelds Sessel kein Platz mehr wäre. So stehen sie den ganzen Tag an ihre Pulte gedrückt. Das ist gewiß für sie sehr unbequem, es wird aber dadurch auch Blumfeld erschwert, sie zu beobachten. Oft drängen sie sich eifrig an das Pult, aber nicht etwa um zu arbeiten, sondern um mit einander zu flüstern oder sogar einzunicken. Blumfeld hat viel Ärger mit ihnen, sie unterstützen ihn bei weitem nicht genügend in der riesenhaften Arbeit, die ihm auferlegt ist. Diese Arbeit besteht darin, daß er den gesammten Waren- und Geldverkehr mit den Heimarbeiterinnen besorgt, welche von der Fabrik für die Herstellung gewisser feinerer Waren beschäftigt werden. Um die Größe dieser Arbeit beurteilen zu können, muß man einen nähern Einblick in die ganzen Verhältnisse haben. Diesen Einblick aber hat, seitdem der unmittelbare Vorgesetzte Blumfelds vor einigen Jahren gestorben ist, niemand mehr, deshalb kann auch Blumfeld niemandem die Berechtigung zu einem Urteil über seine Arbeit zugestehn. Der Fabrikant, Herr Ottomar z.B. unterschätzt Blumfelds Arbeit offensichtlich, er erkennt natürlich die Verdienste an, die Blumfeld sich in der Fabrik im Laufe der zwanzig Jahre erworben hat und er erkennt sie an nicht nur weil er muß sondern auch weil er Blumfeld als treuen vertrauenswürdigen Menschen achtet; aber seine Arbeit unterschätzt er doch, er glaubt nämlich sie könne einfacher und deshalb in jeder Hinsicht vorteilhafter eingerichtet werden, als sie Blumfeld betreibt. Man sagt, und es ist nicht unglaubwürdig, daß Ottomar nur deshalb sich so selten in der Abteilung Blumfelds zeige, um sich den Ärger zu ersparen, den ihm der Anblick der Arbeitsmethoden Blumfelds verursacht. So verkannt zu werden ist für Blumfeld gewiß traurig, aber es gibt keine Abhilfe, denn er kann doch Ottomar nicht zwingen etwa einen Monat ununterbrochen in Blumfelds Abteilung zu bleiben, die vielfachen Arten der hier zu bewältigenden Arbeiten zu studieren, seine eigenen angeblich bessern Methoden anzuwenden und sich durch

76

den Zusammenbruch der Abteilung, den dies notwendig zur Folge hätte, von Blumfeld überzeugen zu lassen. Deshalb also versieht Blumfeld seine Arbeit unbeirrt wie vorher, erschrickt ein wenig wenn nach langer Zeit einmal Ottomar erscheint, macht dann im Pflichtgefühl des Untergeordneten doch einen schwachen Versuch Ottomar diese oder jene Einrichtung zu erklären, worauf dieser stumm nickend mit gesenkten Augen weitergeht, und leidet im übrigen weniger unter dieser Verkennung als unter dem Gedanken daran, daß wenn er einmal von seinem Posten wird abtreten müssen, die sofortige Folge dessen ein großes von niemandem aufzulösendes Durcheinander sein wird, denn er kennt niemanden in der Fabrik, der ihn ersetzen und seinen Posten in der Weise übernehmen könnte, daß für den Betrieb durch Monate hindurch auch nur die schwersten Stockungen vermieden würden. Wenn der Chef jemanden unterschätzt, so suchen ihn darin natürlich die Angestellten womöglich noch zu übertreffen. Es unterschätzt daher jeder Blumfelds Arbeit, niemand hält es für notwendig zu seiner Ausbildung eine Zeitlang in Blumfelds Abteilung zu arbeiten und wenn neue Angestellte aufgenommen werden, wird aus eigenem Antrieb niemand Blumfeld zugeteilt. Infolgedessen fehlt es für die Abteilung Blumfelds an Nachwuchs. Es waren Wochen des härtesten Kampfes, als Blumfeld, der bisdahin in der Abteilung ganz allein nur von einem Diener unterstützt alles besorgt hatte, die Beistellung eines Praktikanten forderte. Fast jeden Tag erschien Blumfeld im Bureau Ottomars und erklärte ihm in ruhiger und ausführlicher Weise, warum ein Praktikant in dieser Abteilung notwendig sei. Er sei nicht etwa deshalb notwendig, weil Blumfeld sich schonen wolle, Blumfeld wolle sich nicht schonen, er arbeite seinen überreichlichen Teil und gedenke damit nicht aufzuhören, aber Herr Ottomar möge nur überlegen, wie sich das Geschäft im Laufe der Zeit entwickelt habe, alle Abteilungen seien entsprechend vergrößert worden, nur Blumfelds Abteilung werde immer vergessen. Und wie sei gerade dort die Arbeit angewachsen! Als Blumfeld eintrat, an diese Zeiten könne sich Herr Ottomar gewiß nicht mehr erinnern, hatte man dort mit etwa zehn Näherinnen zu tun, heute schwankt ihre Zahl zwischen fünfzig und sechzig. Eine solche Arbeit verlangt Kräfte, Blumfeld könne dafür bürgen, daß er sich vollständig für diese Arbeit verbrauche, dafür aber, daß er sie vollständig bewältigen werde, könne er von jetzt ab nicht mehr bürgen. Nun lehnte ja Herr Ottomar niemals Blumfelds Ansuchen geradezu ab, das konnte er einem alten Beamten gegenüber nicht tun, aber die Art wie er kaum zuhörte, über den bittenden Blumfeld hinweg mit andern Leuten sprach, halbe Zusagen machte, in einigen Tagen alles wieder vergessen hatte – diese Art war recht beleidigend. Nicht eigentlich für Blumfeld, Blumfeld ist kein Phantast, so schön Ehre und Anerkennung ist, Blumfeld kann sie entbehren, er wird trotzallem auf seiner Stelle ausharren so lange es irgendwie geht, jedenfalls ist er im Recht und Recht muß sich schließlich, wenn es auch manchmal lange dauert, Anerkennung verschaffen. So hat ja auch tatsächlich Blumfeld sogar zwei Praktikanten schließlich bekommen, was für Praktikanten allerdings. Man hätte glauben können, Ottomar habe eingesehn, er könne seine Mißachtung der Abteilung Blumfelds noch deutlicher als durch Verweigerung von Praktikanten durch Gewährung dieser Praktikanten zeigen. Es war sogar möglich, daß Ottomar nur deshalb Blumfeld solange vertröstet hatte, weil er zwei solche Praktikanten gesucht und sie, was begreiflich war, lange nicht hatte finden können. Und beklagen konnte sich jetzt Blumfeld nicht, die Antwort war ja vorauszusehn, er hatte doch zwei Praktikanten bekommen, während er nur einen verlangt hatte; so geschickt war alles von Ottomar eingeleitet. Natürlich beklagte sich Blumfeld doch, aber nur weil ihn förmlich seine Notlage dazu drängte, nicht weil er jetzt noch Abhilfe erhoffte. Er beklagte sich auch nicht nachdrücklich, sondern nur nebenbei wenn sich eine passende Gelegenheit ergab. Trotzdem verbreitete sich bald unter den übelwollenden Kollegen das Gerücht, jemand habe Ottomar gefragt, ob es denn möglich sei, daß sich Blumfeld, der doch jetzt eine so außerordentliche Beihilfe bekommen habe, noch immer beklage. Darauf habe Ottomar geantwortet, es sei richtig, Blumfeld beklage sich noch immer, aber mit Recht. Er, Ottomar, habe es endlich eingesehn und er beabsichtige Blumfeld nach und nach für jede Näherin einen Praktikanten also im Ganzen etwa sechzig zuzuteilen. Sollten aber diese noch nicht genügen, werde er noch mehr hinschicken und er werde damit nicht früher aufhören bis das Tollhaus vollkommen sei, welches in der Abteilung Blumfelds schon seit Jahren sich entwickle. Nun war allerdings in dieser Bemerkung die Redeweise Ottomars gut nachgeahmt, er selbst aber, daran zweifelte Blumfeld nicht, war weit davon entfernt sich jemals auch nur in ähnlicher Weise über Blumfeld zu äußern. Das Ganze war eine Erfindung der Faulenzer aus den Bureaux im ersten Stock, Blumfeld gieng darüber hinweg, hätte er nur auch über das Vorhandensein der Praktikanten so ruhig hinweggehn können. Die standen aber da und waren nicht mehr wegzubringen. Blasse schwache Kinder. Nach ihren Dokumenten sollten sie das schulfreie Alter schon erreicht haben, in Wirklichkeit konnte man es aber nicht glauben. Ja man hätte sie noch nicht einmal einem Lehrer anvertrauen wollen, so deutlich gehörten sie noch an die Hand der Mutter. Sie konnten sich noch nicht vernünftig bewegen, langes Stehn ermüdete sie besonders in der ersten Zeit ungemein. Ließ man sie unbeobachtet, so knickten sie in ihrer Schwäche gleich ein, standen schief und gebückt in einem Winkel. Blumfeld suchte ihnen begreiflich zu machen, daß sie sich für das ganze Leben verkrüppeln werden, wenn sie immer der Bequemlichkeit so nachgeben. Den Praktikanten eine kleine Besorgung aufzutragen, war gewagt, einmal hatte einer etwas nur paar Schritte weit bringen sollen, war übereifrig hingelaufen und hatte sich am Pult das Knie wundgeschlagen. Das Zimmer war voll Näherinnen gewesen, die Pulte voll Ware, aber Blumfeld hatte alles vernachlässigen, den weinenden Praktikanten ins Bureau führen und ihm dort einen kleinen Verband machen müssen. Aber auch dieser Eifer der Praktikanten war nur äußerlich, wie wirkliche Kinder wollten sie sich manchmal auszeichnen, aber noch viel öfter oder vielmehr fast immer wollten sie die Aufmerksamkeit des Vorgesetzten nur täuschen und ihn betrügen. Zur Zeit der größten Arbeit war Blumfeld einmal schweißtriefend an ihnen vorübergejagt und hatte bemerkt wie sie zwischen Warenballen versteckt Marken tauschten. Er hätte mit den Fäusten auf ihre Köpfe niederfahren wollen, für ein solches Verhalten wäre es die einzig mögliche Strafe gewesen, aber es waren Kinder, Blumfeld konnte doch nicht Kinder totschlagen. Und so quälte er sich mit ihnen weiter. Ursprünglich hatte er sich vorgestellt, daß die Praktikanten ihn in den unmittelbaren Handreichungen unterstützen würden, welche zur Zeit der Warenverteilung so viel Anstrengung und Wachsamkeit erforderten. Er hatte gedacht er würde etwa in der Mitte hinter dem Pult stehn, immer die Übersicht über alles behalten und die Eintragungen besorgen, während die Praktikanten nach seinem Befehl hin und her laufen und alles verteilen würden. Er hatte sich vorgestellt, daß seine Beaufsichtigung, die so scharf sie war, für ein solches Gedränge nicht genügen konnte, durch die Aufmerksamkeit der Praktikanten ergänzt werden würde und daß diese Praktikanten allmählich Erfahrungen sammeln, nicht in jeder Einzelheit auf seine Befehle angewiesen bleiben und endlich selbst lernen würden, die Näherinnen, was Warenbedarf und Vertrauenswürdigkeit anlangt, von einander zu unterscheiden. An diesen Praktikanten gemessen waren es ganz leere Hoffnungen gewesen, Blumfeld sah bald ein, daß er sie überhaupt mit den Näherinnen nicht reden lassen durfte. Zu manchen Näherinnen waren sie nämlich von allem Anfang gar nicht gegangen, weil sie Abneigung oder Angst vor ihnen gehabt hatten, andern dagegen für welche sie Vorliebe hatten, waren sie oft bis zur Tür entgegengelaufen. Diesen brachten sie was sie nur wünschten, drückten es ihnen, auch wenn die Näherinnen zur Empfangnahme berechtigt waren, mit einer Art Heimlichkeit in die Hände, sammelten in einem leeren Regal für diese Bevorzugten verschiedene Abschnitzel, wertlose Reste aber doch auch noch brauchbare Kleinigkeiten, winkten ihnen damit hinter dem Rücken Blumfelds glückselig schon von weitem zu und bekamen dafür Bonbons in den Mund gesteckt. Blumfeld machte diesem Unwesen allerdings bald ein Ende und trieb sie wenn die Näherinnen kamen, in den Verschlag. Aber noch lange hielten sie das für eine große Ungerechtigkeit, trotzten, zerbrachen mutwillig die Federn und klopften manchmal ohne daß sie allerdings den Kopf zu heben wagten, laut an die Glasscheiben, um die Näherinnen auf die schlechte Behandlung aufmerksam zu machen, die sie ihrer Meinung nach von Blumfeld zu erleiden hatten.

Das Unrecht aber das sie selbst begehn, das können sie nicht begreifen. So kommen sie z.B. fast immer zu spät ins Bureau. Blumfeld, ihr Vorgesetzter, der es von frühester Jugend an für selbstverständlich gehalten hat, daß man wenigstens eine halbe Stunde vor Bureaubeginn erscheint, – nicht Streberei, nicht übertriebenes Pflichtbewußtsein, nur ein gewisses Gefühl für Anstand veranlaßt ihn dazu – Blumfeld muß auf seine Praktikanten meist länger als eine Stunde warten. Die Frühstückssemmel kauend steht er gewöhnlich hinter dem Pult im Saal und führt die Rechnungsabschlüsse in den kleinen Büchern der Näherinnen durch. Bald vertieft er sich in die Arbeit und denkt an nichts anderes. Da wird er plötzlich so erschreckt, daß ihm noch ein Weilchen danach die Feder in den Händen zittert. Der eine Praktikant ist hereingestürmt, es ist als wolle er umfallen, mit einer Hand hält er sich irgendwo fest, mit der anderen drückt er die schwer atmende Brust – aber das Ganze bedeutet nichts weiter, als daß er wegen seines Zuspätkommens eine Entschuldigung vorbringt, die so lächerlich ist, daß sie Blumfeld absichtlich überhört, denn täte er es nicht, müßte er den Jungen verdienter Weise prügeln. So aber sieht er ihn nur ein Weilchen an, zeigt dann mit ausgestreckter Hand auf den Verschlag und wendet sich wieder seiner Arbeit zu. Nun dürfte man doch erwarten, daß der Praktikant die Güte des Vorgesetzten einsieht und zu seinem Standort eilt. Nein, er eilt nicht, er tänzelt, er geht auf den Fußspitzen, setzt Fuß vor Fuß. Will er seinen Vorgesetzten verlachen? Auch das nicht. Es ist nur wieder diese Mischung von Furcht und Selbstzufriedenheit, gegen die man wehrlos ist. Wie wäre es denn sonst zu erklären, daß Blumfeld heute, wo er doch selbst ungewöhnlich spät ins Bureau gekommen ist, jetzt nach langem Warten – zum Nachprüfen der Büchlein hat er keine Lust – durch die Staubwolken die der unvernünftige Diener vor ihm mit dem Besen in die Höhe treibt, auf der Gasse die beiden Praktikanten erblickt, wie sie friedlich daherkommen. Sie halten sich fest umschlungen und scheinen einander wichtige Dinge zu erzählen, die aber gewiß mit dem Geschäft höchstens in einem unerlaubten Zusammenhange stehn. Je näher sie der Glastür kommen desto mehr verlangsamen sie ihre Schritte. Endlich erfaßt der eine schon die Klinke, drückt sie aber nicht nieder, noch immer erzählen sie einander, hören zu und lachen. »Öffne doch unsern Herren«, schreit Blumfeld mit erhobenen Händen den Diener an. Aber als die Praktikanten eintreten, will Blumfeld nicht mehr zanken, antwortet auf ihren Gruß nicht und geht zu seinem Schreibtisch. Er beginnt zu rechnen, blickt aber manchmal auf, um zu sehn, was die Praktikanten machen. Der eine scheint sehr müde, gähnt und reibt die Augen; als er seinen Überrock an den Nagel gehängt hat, benützt er die Gelegenheit und bleibt noch ein wenig an der Wand lehnen, auf der Gasse war er frisch, aber die Nähe der Arbeit macht ihn müde. Der andere Praktikant dagegen hat Lust zur Arbeit, aber nur zu mancher. So ist es seit jeher sein Wunsch auskehren zu dürfen. Nun ist das aber eine Arbeit, die ihm nicht gebührt, das Auskehren steht nur dem Diener zu; an und für sich hätte ja Blumfeld nichts dagegen, daß der Praktikant auskehrt, mag der Praktikant auskehren, schlechter als der Diener kann man es nicht machen, wenn aber der Praktikant auskehren will, dann soll er eben früher kommen, ehe der Diener zu kehren beginnt und soll nicht die Zeit dazu verwenden, während welcher er ausschließlich zu Bureauarbeiten verpflichtet ist. Wenn nun aber schon der Junge jeder vernünftigen Überlegung unzugänglich ist, so könnte doch wenigstens der Diener, dieser halbblinde Greis, den der Chef gewiß in keiner andern Abteilung als in der Blumfelds dulden würde und der nur noch von Gottes und des Chefs Gnaden lebt, so könnte doch wenigstens dieser Diener nachgiebig sein und für einen Augenblick den Besen dem Jungen überlassen, der doch ungeschickt ist, gleich die Lust am Kehren verlieren und dem Diener mit dem Besen nachlaufen wird, um ihn nur wieder zum Kehren zu bewegen. Nun scheint aber der Diener gerade für das Kehren sich besonders verantwortlich zu fühlen, man sieht wie er, kaum daß sich ihm der Junge nähert, den Besen mit den zitternden Händen besser zu fassen sucht, lieber steht er still und läßt das Kehren um nur alle Aufmerksamkeit auf den Besitz des Besens richten zu können. Der Praktikant bittet nun nicht durch Worte, denn er fürchtet doch Blumfeld, welcher scheinbar rechnet, auch wären gewöhnliche Worte nutzlos, denn der Diener ist nur durch stärkstes Schreien zu erreichen. Der Praktikant zupft also zunächst den Diener am Ärmel. Der Diener weiß natürlich um was es sich handelt, finster sieht er den Praktikanten an, schüttelt den Kopf und zieht den Besen näher, bis an die Brust. Nun faltet der Praktikant die Hände und bittet. Er hat allerdings keine Hoffnung durch Bitten etwas zu erreichen, das Bitten belustigt ihn nur und deshalb bittet er. Der andere Praktikant begleitet den Vorgang mit leisem Lachen und glaubt offenbar wenn auch unbegreiflicher Weise, daß Blumfeld ihn nicht hört. Auf den Diener macht das Bitten nicht den geringsten Eindruck, er dreht sich um und glaubt jetzt den Besen in Sicherheit wieder gebrauchen zu können. Aber der Praktikant ist ihm auf den Fußspitzen hüpfend und die Hände flehentlich aneinanderreibend gefolgt und bittet nun von dieser Seite. Diese Wendungen des Dieners und das Nachhüpfen des Praktikanten wiederholen sich mehrmals. Schließlich fühlt sich der Diener von allen Seiten abgesperrt und merkt, was er bei einer nur ein wenig geringern Einfalt gleich am Anfang hätte merken können, daß er früher ermüden wird als der Praktikant. Infolgedessen sucht er fremde Hilfe, droht dem Praktikanten mit dem Finger und zeigt auf Blumfeld bei dem er, wenn der Praktikant nicht abläßt, Klage führen wird. Der Praktikant erkennt, daß er sich jetzt, wenn er überhaupt den Besen bekommen will sehr beeilen muß. Also greift er frech nach dem Besen. Ein unwillkürlicher Aufschrei des andern Praktikanten deutet die kommende Entscheidung an. Zwar rettet noch der Diener diesmal den Besen indem er einen Schritt zurückmacht und ihn nachzieht. Aber nun gibt der Praktikant nicht mehr nach, mit offenem Mund und blitzenden Augen springt er vor, der Diener will flüchten, aber seine alten Beine schlottern statt zu laufen, der Praktikant reißt an dem Besen, und wenn er ihn auch nicht erfaßt, so erreicht er doch, daß der Besen fällt und damit ist er für den Diener verloren. Scheinbar allerdings auch für den Praktikanten, denn beim Fallen des Besens erstarren zunächst alle drei, die Praktikanten und der Diener, denn jetzt muß Blumfeld alles offenbar werden. Tatsächlich blickt Blumfeld an seinem Guckfenster auf, als sei er erst jetzt aufmerksam geworden, strenge und prüfend faßt er jeden ins Auge, auch der Besen auf der Erde entgeht ihm nicht. Sei es daß das Schweigen zu lange andauert, sei es daß der schuldige Praktikant die Begierde zu kehren nicht unterdrücken kann, jedenfalls bückt er sich, allerdings sehr vorsichtig, als greife er nach einem Tier und nicht nach dem Besen, nimmt den Besen, streicht mit ihm über den Boden, wirft ihn aber sofort erschrocken weg, als Blumfeld aufspringt und aus dem Verschlage tritt. »Beide an die Arbeit und nicht mehr gemuckst«, schreit Blumfeld und zeigt mit ausgestreckter Hand den beiden Praktikanten den Weg zu ihren Pulten. Sie folgen gleich, aber nicht etwa beschämt mit gesenkten Köpfen, vielmehr drehn sie sich steif an Blumfeld vorüber und sehn ihm starr in die Augen, als wollten sie ihn dadurch abhalten sie zu schlagen. Und doch könnten sie durch die Erfahrung genügend darüber belehrt sein, daß Blumfeld grundsätzlich niemals schlägt. Aber sie sind überängstlich und suchen immer und ohne jedes Zartgefühl ihre wirklichen oder scheinbaren Rechte zu wahren.

NEUES VERKEHRSMITTEL

Ich kann nicht schlafen. Nur Träume kein Schlaf. Heute habe ich im Traum ein neues Verkehrsmittel für einen abschüssigen Park erfunden. Man nimmt einen Ast, der nicht sehr stark sein muß, stemmt ihn schief gegen den Boden, das eine Ende behält man in der Hand setzt sich möglichst leicht darauf, wie im Damensattel, der ganze Zweig rast dann natürlich den Abhang hinab, da man auf dem Ast sitzt wird man mitgenommen und schaukelt behaglich in voller Fahrt auf dem elastischen Holz. Es findet sich dann auch eine Möglichkeit, den Zweig zum Aufwärtsfahren zu verwenden. Der Hauptvorteil liegt abgesehen von der Einfachheit der ganzen Vorrichtung darin, daß der Zweig dünn und beweglich wie er ist, er kann ja gesenkt und gehoben werden nach Bedarf überall durchkommt, wo selbst ein Mensch allein schwer durchkäme

DIE BRÜCKE

Ich war steif und kalt, ich war eine Brücke, über einem Abgrund lag ich, diesseits waren die Fußspitzen, jenseits die Hände eingebohrt, in bröckelndem Lehm hatte ich mich festgebissen. Die Schöße meines Rockes wehten zu meinen Seiten. In der Tiefe lärmte der eisige Forellenbach. Kein Tourist verirrte sich zu dieser unwegsamen Höhe, die Brücke war in den Karten noch nicht eingezeichnet. So lag ich und wartete; ich mußte warten; ohne abzustürzen kann keine einmal errichtete Brücke aufhören Brücke zu sein. Einmal gegen Abend, war es der erste war es der tausendste, ich weiß nicht, meine Gedanken giengen immer in einem Wirrwarr, und immer immer in der Runde – gegen Abend im Sommer, dunkler rauschte der Bach, hörte ich einen Mannesschritt. Zu mir, zu mir. Strecke Dich Brücke, setze Dich in Stand, geländerloser Balken, halte den Dir Anvertrauten, die Unsicherheiten seines Schrittes gleiche unmerklich aus, schwankt er aber, dann gib Dich zu erkennen und wie ein Berggott schleudere ihn ans Land. Er kam, mit der Eisenspitze seines Stockes beklopfte er mich, dann hob er mit ihr meine Rockschöße und ordnete sie auf mir, in mein buschiges Haar fuhr er mit der Spitze und ließ sie, wahrscheinlich weit umherblickend, lange drin liegen. Dann aber – gerade träumte ich ihm nach über Berg und Tal – sprang er mit beiden Füßen mir mitten auf den Leib. Ich erschauerte in wildem Schmerz, gänzlich unwissend. Wer war es? Ein Kind? Ein Turner? Ein Waghalsiger? Ein Selbstmörder? Ein Versucher? Ein Vernichter? Und ich drehte mich um, ihn zu sehen. Brücke dreht sich um! Ich war noch nicht umgedreht, da stürzte ich schon, ich stürzte und schon war ich zerrissen und aufgespießt von den zugespitzten Kieseln, die mich so friedlich immer angestarrt hatten aus dem rasenden Wasser.

KLEINE FABEL

»Ach«, sagte die Maus, »die Welt wird enger mit jedem Tag. Zuerst war sie so breit, daß ich Angst hatte, ich lief weiter und war glücklich daß ich endlich rechts und links in der Ferne Mauern sah, aber diese langen Mauern eilen so schnell auf einander zu daß ich schon im letzten Zimmer bin und dort im Winkel steht die Falle, in die ich laufe.« »Du mußt nur die Laufrichtung ändern«, sagte die Katze und fraß sie.

KLEINE MAUS

Als die kleine Maus, die in der Mäusewelt geliebt wie keine andere
gewesen war, in einer Nacht unter das Falleisen kam und mit einem
Hochschrei ihr Leben hingab für den Anblick des Specks, wurden
alle Mäuse der Umgegend in ihren Löchern von einem Zittern und
Schütteln befallen, mit unbeherrscht zwinkernden Augen blickten
sie einander der Reihe nach an, während ihre Schwänze in sinnlosem
Fleiß den Boden scheuerten. Dann kamen sie zögernd, einer den andern stoßend, hervor, alle zog es zu dem Todesort. Dort lag sie die
kleine liebe Maus, das Eisen im Genick, die rosa Beinchen einge-
drückt, erstarrt den schwachen Leib, dem ein wenig Speck so sehr zu
gönnen gewesen wäre. Die Eltern standen daneben und beäugten die
Reste ihres Kindes.

SCHAKALE UND ARABER

Wir lagerten in der Oase. Die Gefährten schliefen. Ein Araber, hoch und weiß, kam an mir vorüber; er hatte die Kamele versorgt und ging zum Schlafplatz.

Ich warf mich rücklings ins Gras; ich wollte schlafen; ich konnte nicht; das Klagegeheul eines Schakals in der Ferne; ich saß wieder aufrecht. Und was so weit gewesen war, war plötzlich nah. Ein Gewimmel von Schakalen um mich her; in mattem Gold erglänzende, verlöschende Augen; schlanke Leiber, wie unter einer Peitsche gesetzmäßig und flink bewegt.

Einer kam von rückwärts, drängte sich, unter meinem Arm durch, eng an mich, als brauche er meine Wärme, trat dann vor mich und sprach, fast Aug in Aug mit mir:

»Ich bin der älteste Schakal, weit und breit. Ich bin glücklich, dich noch hier begrüßen zu können. Ich hatte schon die Hoffnung fast aufgegeben, denn wir warten unendlich lange auf dich; meine Mutter hat gewartet und ihre Mutter und weiter alle ihre Mütter bis hinauf zur Mutter aller Schakale. Glaube es!«

»Das wundert mich«, sagte ich und vergaß, den Holzstoß anzuzünden, der bereit lag, um mit seinem Rauch die Schakale abzuhalten, »das wundert mich sehr zu hören. Nur zufällig komme ich aus dem hohen Norden und bin auf einer kurzen Reise begriffen. Was wollt Ihr denn, Schakale?«

Und wie ermutigt durch diesen vielleicht allzu freundlichen Zuspruch zogen sie ihren Kreis enger um mich; alle atmeten kurz und fauchend.

»Wir wissen«, begann der Älteste, »daß du vom Norden kommst, darauf eben baut sich unsere Hoffnung. Dort ist der Verstand, der hier unter den Arabern nicht zu finden ist. Aus diesem kalten Hochmut, weißt du, ist kein Funken Verstand zu schlagen. Sie töten Tiere, um sie zu fressen, und Aas mißachten sie.«

»Rede nicht so laut«, sagte ich, »es schlafen Araber in der Nähe.«

»Du bist wirklich ein Fremder«, sagte der Schakal, »sonst wüßtest du, daß noch niemals in der Weltgeschichte ein Schakal einen Araber gefürchtet hat. Fürchten sollten wir sie? Ist es nicht Unglück genug, daß wir unter solches Volk verstoßen sind?«

»Mag sein, mag sein«, sagte ich, »ich maße mir kein Urteil an in Dingen, die mir so fern liegen; es scheint ein sehr alter Streit; liegt also wohl im Blut; wird also vielleicht erst mit dem Blute enden.«

»Du bist sehr klug«, sagte der alte Schakal; und alle atmeten noch schneller; mit gehetzten Lungen, trotzdem sie doch stillestanden; ein bitterer, zeitweilig nur mit zusammengeklemmten Zähnen erträglicher Geruch entströmte den offenen Mäulern, »du bist sehr klug; das, was du sagst, entspricht unserer alten Lehre. Wir nehmen ihnen also ihr Blut und der Streit ist zu Ende.«

»Oh!« sagte ich wilder, als ich wollte, »sie werden sich wehren; sie werden mit ihren Flinten euch rudelweise niederschießen.«

»Du mißverstehst uns«, sagte er, »nach Menschenart, die sich also auch im hohen Norden nicht verliert. Wir werden sie doch nicht töten. Soviel Wasser hätte der Nil nicht, um uns rein zu waschen. Wir laufen doch schon vor dem bloßen Anblick ihres lebenden Leibes weg, in reinere Luft, in die Wüste, die deshalb unsere Heimat ist.«

Und alle Schakale ringsum, zu denen inzwischen noch viele von ferner gekommen waren, senkten die Köpfe zwischen die Vorderbeine und putzten sie mit den Pfoten; es war, als wollten sie einen Widerwillen verbergen, der so schrecklich war, daß ich am liebsten mit einem hohen Sprung aus ihrem Kreis entflohen wäre.

»Was beabsichtigt Ihr also zu tun«, fragte ich und wollte aufstehn; aber ich konnte nicht; zwei junge Tiere hatten sich mir hinten in

Rock und Hemd festgebissen; ich mußte sitzen bleiben. »Sie halten deine Schleppe«, sagte der alte Schakal erklärend und ernsthaft, »eine Ehrbezeugung.« »Sie sollen mich loslassen!« rief ich, bald zum Alten, bald zu den Jungen gewendet. »Sie werden es natürlich«, sagte der Alte, »wenn du es verlangst. Es dauert aber ein Weilchen, denn sie haben nach der Sitte tief sich eingebissen und müssen erst langsam die Gebisse voneinander lösen. Inzwischen höre unsere Bitte.« »Euer Verhalten hat mich dafür nicht sehr empfänglich gemacht«, sagte ich. »Laß uns unser Ungeschick nicht entgelten«, sagte er und nahm jetzt zum erstenmal den Klageton seiner natürlichen Stimme zu Hilfe, »wir sind arme Tiere, wir haben nur das Gebiß; für alles, was wir tun wollen, das Gute und das Schlechte, bleibt uns einzig das Gebiß.« »Was willst du also?« fragte ich, nur wenig besänftigt.

»Herr«, rief er, und alle Schakale heulten auf; in fernster Ferne schien es mir eine Melodie zu sein. »Herr, du sollst den Streit beenden, der die Welt entzweit. So wie du bist, haben unsere Alten den beschrieben, der es tun wird. Frieden müssen wir haben von den Arabern; atembare Luft; gereinigt von ihnen den Ausblick rund am Horizont; kein Klagegeschrei eines Hammels, den der Araber absticht; ruhig soll alles Getier krepieren; ungestört soll es von uns leergetrunken und bis auf die Knochen gereinigt werden. Reinheit, nichts als Reinheit wollen wir,« – und nun weinten, schluchzten alle – »wie erträgst nur du es in dieser Welt, du edles Herz und süßes Eingeweide? Schmutz ist ihr Weiß; Schmutz ist ihr Schwarz; ein Grauen ist ihr Bart; speien muß man beim Anblick ihrer Augenwinkel; und heben sie den Arm, tut sich in der Achselhöhle die Hölle auf. Darum, o Herr, darum o teurer Herr, mit Hilfe deiner alles vermögenden Hände, mit Hilfe deiner alles vermögenden Hände schneide ihnen mit dieser Schere die Hälse durch!« Und einem Ruck seines Kopfes folgend kam ein Schakal herbei, der an einem Eckzahn eine kleine, mit altem Rost bedeckte Nähschere trug.

»Also endlich die Schere und damit Schluß!« rief der Araber-
führer unserer Karawane, der sich gegen den Wind an uns heran-
geschlichen hatte und nun seine riesige Peitsche schwang.

Alles verlief sich eiligst, aber in einiger Entfernung blieben sie
doch, eng zusammengekauert, die vielen Tiere so eng und starr, daß
es aussah wie eine schmale Hürde, von Irrlichtern umflogen.

»So hast du, Herr, auch dieses Schauspiel gesehen und gehört«,
sagte der Araber und lachte so fröhlich, als es die Zurückhaltung
seines Stammes erlaubte. »Du weißt also, was die Tiere wollen?«
fragte ich. »Natürlich, Herr«, sagte er, »das ist doch allbekannt; solange es Araber gibt, wandert diese Schere durch die Wüste und wird
mit uns wandern bis ans Ende der Tage. Jedem Europäer wird sie
angeboten zu dem großen Werk; jeder Europäer ist gerade derjenige,
welcher ihnen berufen scheint. Eine unsinnige Hoffnung haben diese
Tiere; Narren, wahre Narren sind sie. Wir lieben sie deshalb; es sind
unsere Hunde; schöner als die Eurigen. Sieh nur, ein Kamel ist in
der Nacht verendet, ich habe es herschaffen lassen.«

Vier Träger kamen und warfen den schweren Kadaver vor
uns hin. Kaum lag er da, erhoben die Schakale ihre Stimmen. Wie
von Stricken unwiderstehlich jeder einzelne gezogen, kamen sie,
stockend, mit dem Leib den Boden streifend, heran. Sie hatten die
Araber vergessen, den Haß vergessen, die alles auslöschende Gegenwart des stark ausdunstenden Leichnams bezauberte sie. Schon hing
einer am Hals und fand mit dem ersten Biß die Schlagader. Wie eine
kleine rasende Pumpe, die ebenso unbedingt wie aussichtslos einen
übermächtigen Brand löschen will, zerrte und zuckte jede Muskel
seines Körpers an ihrem Platz. Und schon lagen in gleicher Arbeit
alle auf dem Leichnam hoch zu Berg.

Da strich der Führer kräftig mit der scharfen Peitsche kreuz und
quer über sie. Sie hoben die Köpfe; halb in Rausch und Ohnmacht;
sahen die Araber vor sich stehen; bekamen jetzt die Peitsche mit den

Schnauzen zu fühlen; zogen sich im Sprung zurück und liefen eine Strecke rückwärts. Aber das Blut des Kamels lag schon in Lachen da, rauchte empor, der Körper war an mehreren Stellen weit aufgerissen. Sie konnten nicht widerstehen; wieder waren sie da; wieder hob der Führer die Peitsche; ich faßte seinen Arm.

»Du hast Recht, Herr«, sagte er, »wir lassen sie bei ihrem Beruf; auch ist es Zeit aufzubrechen. Gesehen hast du sie. Wunderbare Tiere, nicht wahr? Und wie sie uns hassen!«

BREGENZ

Einer lag schwer krank im Bett. Der Arzt saß beim Tischchen, das an das Bett geschoben war, und beobachtete den Kranken, der wiederum ihn ansah. »Keine Hilfe« sagte der Kranke, nicht als frage sondern als antworte er. Der Arzt öffnete ein wenig ein großes medicinisches Werk, das am Rande des Tischchens lag, sah flüchtig aus der Entfernung hinein und sagte, das Buch zuklappend: »Hilfe kommt aus Bregenz.« Und als der Kranke angestrengt die Augen zusammenzog, fügte der Arzt hinzu: Bregenz in Vorarlberg. »Das ist weit« sagte der Kranke

BEIM BAU DER CHINESISCHEN MAUER

Man war nicht leichtsinnig an das Werk herangegangen. Fünfzig Jahre vor Beginn des Baues hatte man im ganzen China, das ummauert werden sollte, die Baukunst, insbesondere das Mauerhandwerk zur wichtigsten Wissenschaft erklärt und alles andere nur anerkannt, soweit es damit in Beziehung stand. Ich erinnere mich noch sehr wohl wie wir als kleine Kinder, kaum unserer Beine sicher, im Gärtchen unseres Lehrers standen, aus Kieselsteinen eine Art Mauer bauen mußten, wie der Lehrer den Rock schürzte, gegen die Mauer rannte, natürlich alles zusammenwarf und uns wegen der Schwäche unseres Baues solche Vorwürfe machte, daß wir heulend uns nach allen Seiten zu unsern Eltern verliefen. Ein winziger Vorfall, aber bezeichnend für den Geist der Zeit.

DIE SORGE DES HAUSVATERS

Die einen sagen, das Wort Odradek stamme aus dem Slawischen und sie suchen auf Grund dessen die Bildung des Wortes nachzuweisen. Andere wieder meinen, es stamme aus dem Deutschen, vom Slawischen sei es nur beeinflußt. Die Unsicherheit beider Deutungen aber läßt wohl mit Recht darauf schließen, daß keine zutrifft, zumal man auch mit keiner von ihnen einen Sinn des Wortes finden kann.

Natürlich würde sich niemand mit solchen Studien beschäftigen, wenn es nicht wirklich ein Wesen gäbe, das Odradek heißt. Es sieht zunächst aus wie eine flache sternartige Zwirnspule, und tatsächlich scheint es auch mit Zwirn bezogen; allerdings dürften es nur abgerissene, alte, aneinander geknotete, aber auch ineinander verfitzte Zwirnstücke von verschiedenster Art und Farbe sein. Es ist aber nicht nur eine Spule, sondern aus der Mitte des Sternes kommt ein kleines Querstäbchen hervor und an dieses Stäbchen fügt sich dann im rechten Winkel noch eines. Mit Hilfe dieses letzteren Stäbchens auf der einen Seite, und einer der Ausstrahlungen des Sternes auf der anderen Seite, kann das Ganze wie auf zwei Beinen aufrecht stehen.

Man wäre versucht zu glauben, dieses Gebilde hätte früher irgendeine zweckmäßige Form gehabt und jetzt sei es nur zerbrochen. Dies scheint aber nicht der Fall zu sein; wenigstens findet sich kein Anzeichen dafür; nirgends sind Ansätze oder Bruchstellen zu sehen, die auf etwas Derartiges hinweisen würden; das Ganze erscheint zwar sinnlos, aber in seiner Art abgeschlossen. Näheres läßt sich übrigens nicht darüber sagen, da Odradek außerordentlich beweglich und nicht zu fangen ist.

Er hält sich abwechselnd auf dem Dachboden, im Treppenhaus, auf den Gängen, im Flur auf. Manchmal ist er monatelang nicht zu sehen; da ist er wohl in andere Häuser übersiedelt; doch kehrt er dann unweigerlich wieder in unser Haus zurück. Manchmal, wenn man aus der Tür tritt und er lehnt gerade unten am Treppengeländer, hat man Lust, ihn anzusprechen. Natürlich stellt man an ihn keine schwierigen Fragen, sondern behandelt ihn – schon seine Winzigkeit verführt dazu – wie ein Kind. »Wie heißt du denn?« fragt man ihn. »Odradek«, sagt er. »Und wo wohnst du?« »Unbestimmter Wohnsitz«, sagt er und lacht; es ist aber nur ein Lachen, wie man es ohne Lungen hervorbringen kann. Es klingt etwa so, wie das Rascheln in gefallenen Blättern. Damit ist die Unterhaltung meist zu Ende. Übrigens sind selbst diese Antworten nicht immer zu erhalten; oft ist er lange stumm, wie das Holz, das er zu sein scheint. Vergeblich frage ich mich, was mit ihm geschehen wird. Kann er denn sterben? Alles, was stirbt, hat vorher eine Art Ziel, eine Art Tätigkeit gehabt und daran hat es sich zerrieben; das trifft bei Odradek nicht zu. Sollte er also einstmals etwa noch vor den Füßen meiner Kinder und Kindeskinder mit nachschleifendem Zwirnsfaden die Treppe hinunterkollern? Er schadet ja offenbar niemandem; aber die Vorstellung, daß er mich auch noch überleben sollte, ist mir eine fast schmerzliche.

DAS GEDULDSPIEL

Es war einmal ein Geduldspiel, ein billiges einfaches Spiel, nicht viel größer als eine Taschenuhr und ohne irgendwelche überraschende Einrichtungen. In der rotbraun angestrichenen Holzfläche waren einige blaue Irrwege eingeschnitten die in eine kleine Grube mündeten. Die gleichfalls blaue Kugel war durch Neigen und Schütteln zunächst in einen der Wege zu bringen und dann in die Grube. War die Kugel in der Grube, dann war das Spiel zuende, wollte man es von neuem beginnen, mußte man die Kugel wieder aus der Grube schütteln. Bedeckt war das Ganze von einem starken gewölbten Glas, man konnte das Geduldspiel in die Tasche stecken und mitnehmen und wo immer man war, konnte man es hervornehmen und spielen.

War die Kugel unbeschäftigt, so ging sie meistens, die Hände auf dem Rücken, auf der Hochebene hin und her, die Wege vermied sie. Sie war der Ansicht, daß sie während des Spieles genug mit den Wegen gequält werde und daß sie reichlichen Anspruch darauf habe, wenn nicht gespielt würde, sich auf der freien Ebene zu erholen. Sie hatte einen breitspurigen Gang und behauptete, daß sie nicht für die schmalen Wege gemacht sei. Das war zum Teil richtig, denn die Wege konnten sie wirklich kaum fassen, es war aber auch unrichtig, denn tatsächlich war sie sehr sorgfältig der Breite der Wege angepaßt, bequem aber durften ihr die Wege nicht sein, denn sonst wäre es kein Geduldspiel gewesen.

DER VOGEL

Als ich abend nachhause kam, fand ich in der Mitte des Zimmers ein großes ein übergroßes Ei. Es war fast so hoch wie der Tisch und entsprechend ausgebaucht. Leise schwankte es hin und her. Ich war sehr neugierig, nahm das Ei zwischen die Beine und schnitt es vorsichtig mit dem Taschenmesser entzwei. Es war schon ausgetragen. Zerknitternd fiel die Schale auseinander und hervorsprang ein storchartiger, noch federloser, mit zu kurzen Flügeln die Luft schlagender Vogel. »Was willst Du in unserer Welt?« hatte ich Lust zu fragen, hockte mich vor den Vogel nieder und sah ihm in seine ängstlich zwinkernden Augen. Aber er verließ mich, und hüpfte die Wände entlang, halb flatternd, wie auf wehen Füßen. »Einer hilft dem ändern«, dachte ich, packte auf dem Tisch mein Abendessen aus und winkte dem Vogel, der drüben gerade seinen Schnabel zwischen meine paar Bücher bohrte. Gleich kam er zu mir, setzte sich, offenbar schon ein wenig eingewöhnt, auf einen Stuhl, mit pfeifendem Atem begann er die Wurstschnitte die ich vor ihn gelegt hatte zu beschnuppern, spießte sie aber lediglich auf und warf sie mir wieder hin. »Ein Fehler«, dachte ich, »natürlich, man springt nicht aus dem Ei um gleich mit Wurstessen anzufangen. Hier wäre Frauenerfahrung nötig.« Und ich sah ihn scharf an, ob ihm vielleicht seine Essenswünsche von außen abzulesen wären. »Kommt er«, fiel mir dann ein, »aus der Familie der Störche, dann werden ihm gewiß Fische lieb sein. Nun ich bin bereit sogar Fische ihm zu verschaffen. Allerdings nicht umsonst. Meine Mittel erlauben mir nicht mir einen Hausvogel zu halten. Bringe ich also solche Opfer, will ich einen gleichwertigen lebenerhaltenden Gegendienst. Er ist ein Storch, möge er mich also bis er ausgewachsen und von meinen Fischen gemästet ist, mit in die südlichen Länder nehmen. Längst schon ver-

langt es mich dorthin zu reisen und nur mangels Storchflügel habe ich es bisher unterlassen.« Sofort holte ich Papier und Tinte, tauchte des Vogels Schnabel ein und schrieb, ohne daß mir vom Vogel irgendein Widerstand entgegengesetzt worden wäre, folgendes: »Ich, storchartiger Vogel, verpflichte mich für den Fall, daß Du mich mit

Fischen, Fröschen und Würmern (diese zwei letztern Lebensmittel fügte ich der Billigkeit halber hinzu) bis zum Flüggewerden nährst, Dich auf meinem Rücken in die südlichen Länder zu tragen.« Dann wischte ich den Schnabel rein und hielt dem Vogel nochmals das Papier vor Augen, ehe ich es zusammenfaltete und in meine Brieftasche legte. Dann aber lief ich gleich um Fische; diesmal mußte ich sie teuer bezahlen, doch versprach mir der Händler nächstens immer verdorbene Fische und reichlich Würmer für billigen Preis bereitzustellen. Vielleicht würde die südliche Fahrt nicht gar zu teuer werden. Und es freute mich zu sehn wie das Mitgebrachte dem Vogel schmeckte. Glucksend wurden die Fische hinabgeschluckt und füllten das rötliche Bäuchlein. Tag für Tag, unvergleichlich mit Menschenkindern, machte der Vogel Fortschritte in seiner Entwicklung. Zwar verließ der unerträgliche Gestank der faulen Fische nicht mehr mein Zimmer und nicht leicht war es, den Unrat des Vogels immer aufzufinden und zu beseitigen, auch verbot die Winterkälte und die Kohlenteuerung die außerordentlich nötige Lüftung – was tat es, kam das Frühjahr, schwamm ich in leichten Lüften dem strahlenden Süden zu. Die Flügel wuchsen, bedeckten sich mit Federn, die Muskeln erstarkten, es war Zeit mit den Flugübungen zu beginnen. Leider war keine Storchmutter da, wäre der Vogel nicht so willig gewesen, mein Unterricht hätte wohl nicht genügt. Aber offenbar sah er ein, daß er durch peinliche Aufmerksamkeit und größte Anstrengung die Mängel meiner Lehrbefähigung ausgleichen müsse. Wir begannen mit dem Sesselflug. Ich stieg hinauf, er folgte, ich sprang mit ausgebreiteten Armen hinab, er flatterte hinterher. Später giengen wir zum Tisch über und zuletzt zum Schrank, immer aber wurden alle Flüge systematisch vielemal wiederholt.

DER KÜBELREITER

Verbraucht alle Kohle; leer der Kübel; sinnlos die Schaufel; Kälte atmend der Ofen; das Zimmer vollgeblasen von Frost; vor dem Fenster Bäume starr im Reif; der Himmel, ein silberner Schild gegen den, der von ihm Hilfe will. Ich muß Kohle haben; ich darf doch nicht erfrieren; hinter mir der erbarmungslose Ofen, vor mir der Himmel ebenso; infolgedessen muß ich scharf zwischendurch reiten und in der Mitte beim Kohlenhändler Hilfe suchen. Gegen meine gewöhnlichen Bitten aber ist er schon abgestumpft; ich muß ihm ganz genau nachweisen, daß ich kein einziges Kohlenstäubchen mehr habe und daß er daher für mich geradezu die Sonne am Firmament bedeutet. Ich muß kommen, wie der Bettler, der röchelnd vor Hunger an der Türschwelle verenden will und dem deshalb die Herrschaftsköchin den Bodensatz des letzten Kaffees einzuflößen sich entscheidet; ebenso muß mir der Händler, wütend, aber unter dem Strahl des Gebotes »Du sollst nicht töten!« eine Schaufel voll in den Kübel schleudern.

Meine Auffahrt schon muß es entscheiden; ich reite deshalb auf dem Kübel hin. Als Kübelreiter, die Hand oben am Griff, dem einfachsten Zaumzeug, drehe ich mich beschwerlich die Treppe hinab; unten aber steigt mein Kübel auf, prächtig, prächtig; Kameele, niedrig am Boden hingelagert, steigen, sich schüttelnd unter dem Stock des Führers, nicht schöner auf. Durch die fest gefrorene Gasse geht es in ebenmäßigem Trab; oft werde ich bis zur Höhe der ersten Stockwerke gehoben; niemals sinke ich bis zur Haustüre hinab. Und außergewöhnlich hoch schwebe ich vor dem Kellergewölbe des Händlers, in dem er tief unten an seinem Tischchen kauert und schreibt; um die übergroße Hitze abzulassen, hat er die Tür geöffnet.

»Kohlenhändler!« rufe ich mit vor Kälte hohl gebrannter Stimme, in Rauchwolken des Atems gehüllt, »bitte Kohlenhändler, gib mir ein wenig Kohle. Mein Kübel ist schon so leer, daß ich auf ihm reiten kann. Sei so gut. Bis ich kann, bezahl ichs.«

Der Händler legt die Hand ans Ohr. »Hör ich recht?« fragt er über die Schulter weg seine Frau, die auf der Ofenbank strickt, »hör ich recht? Eine Kundschaft.«

»Ich höre gar nichts«, sagt die Frau, ruhig aus- und einatmend über den Stricknadeln, wohlig im Rücken gewärmt.

»O ja«, rufe ich, »ich bin es; eine alte Kundschaft; treu ergeben; nur augenblicklich mittellos.«

»Frau«, sagt der Händler, »es ist, es ist jemand; so sehr kann ich mich doch nicht täuschen; eine alte, eine sehr alte Kundschaft muß es sein, die mir so zum Herzen zu sprechen weiß.«

»Was hast du, Mann?« sagt die Frau und drückt, einen Augenblick ausruhend, die Handarbeit an die Brust, »niemand ist es; die Gasse ist leer; alle unsere Kundschaft ist versorgt; wir könnten für Tage das Geschäft sperren und ausruhn.«

»Aber ich sitze doch hier auf dem Kübel«, rufe ich und gefühllose Tränen der Kälte verschleiern mir die Augen, »bitte seht doch herauf; Ihr werdet mich gleich entdecken; um eine Schaufel voll bitte ich; und gebt Ihr zwei, macht Ihr mich überglücklich. Es ist doch schon alle übrige Kundschaft versorgt. Ach, hörte ich es doch schon in dem Kübel klappern!«

»Ich komme«, sagt der Händler und kurzbeinig will er die Kellertreppe emporsteigen, aber die Frau ist schon bei ihm, hält ihn beim Arm fest und sagt: »Du bleibst. Läßt du von deinem Eigensinn nicht ab, so gehe ich hinauf. Erinnere dich an deinen schweren Husten heute nachts. Aber für ein Geschäft und sei es auch ein eingebildetes, vergißt du Frau und Kind und opferst deine Lungen. Ich gehe.« »Dann nenn ihm aber alle Sorten, die wir auf Lager haben; die

Preise rufe ich dir nach.« »Gut«, sagt die Frau und steigt zur Gasse auf. Natürlich sieht sie mich gleich.

»Frau Kohlenhändlerin«, rufe ich, »ergebenen Gruß; nur eine Schaufel Kohle; gleich hier in den Kübel; ich führe sie selbst nach Hause; eine Schaufel von der schlechtesten. Ich bezahle sie natürlich voll, aber nicht gleich, nicht gleich.« Was für ein Glockenklang sind die zwei Worte »nicht gleich« und wie sinnverwirrend mischen sie sich mit dem Abendläuten, das eben vom nahen Kirchturm zu hören ist.

»Was will er also haben?« ruft der Händler. »Nichts«, ruft die Frau zurück, »es ist ja nichts; ich sehe nichts, ich höre nichts; nur sechs Uhr läutet es und wir schließen. Ungeheuer ist die Kälte; morgen werden wir wahrscheinlich doch viel Arbeit haben.«

Sie sieht nichts und hört nichts; aber dennoch löst sie das Schürzenband und versucht mich mit der Schürze fortzuwehen. Leider gelingt es. Alle Vorzüge eines guten Reittieres hat mein Kübel; Widerstandskraft hat er nicht; zu leicht ist er; eine Frauenschürze jagt ihm die Beine vom Boden.

»Du Böse!« rufe ich noch zurück, während sie, zum Geschäft sich wendend, halb verächtlich, halb befriedigt mit der Hand in die Luft schlägt, »du Böse! Um eine Schaufel von der schlechtesten habe ich gebeten und du hast sie mir nicht gegeben.« Und damit steige ich in die Regionen der Eisgebirge und verliere mich auf Nimmerwiedersehn.

Tanzt ihr Schweine weiter;
was habe ich damit zu tun?

INHALT

**Wiglaf Droste
Nikolaus Heidelbach
Vincent Klink**

WURST

160 Seiten mit 50 farb. Abbildungen.
Gebunden, geprägtes Leinen.

**Drei Männer und ein
deutsches Abenteuer:
Die Wurst**

Es geht um die Wurst – um
dieses weit unterschätzte Kultur-
gut. Ob Blut-, Brat-, Hart-
oder Mettwurst – sie ist in aller
Munde. Nur der liebe Gott weiß,
was in ihr steckt: Auch wenn
diese Redensart zum Siegeszug
der Wurst beigetragen hat, löst
sie heute Bedenken aus. Es ist
an der Zeit, der Wurst ein biss-
chen auf die Pelle zu rücken.

»Eines der charmantesten
Bücher der Saison«
Frankfurter Allgemeine Zeitung

Wiglaf Droste
Nikolaus Heidelbach
Vincent Klink

Weihnachten

160 Seiten mit 50 farb. Abbildungen.
Gebunden, geprägtes Leinen.

Zur Sache, Plätzchen
Ein kochender Schreiber,
ein schreibender Koch und
ein hungriger Zeichner legen
einen Sack mit Geschichten
und Gerichten unter den Baum.
»Weihnachten« schaut dem
Nikolaus unter den Mantel,
fährt an Heiligabend heim zu
Mutti und erzählt von Glanz-
und Schattenseiten des Lichter-
festes: »Advent ist, wenn der
Pfarrer schreit: Besinnlichkeit!
Besinnlichkeit«. Eine Sammlung
schönster Weihnachtsrezepte
hilft beim Warten aufs Christ-
kind.

»Wenn das Fest nur halb so gut
wird wie dieses Buch, dann ist
gelungen untertrieben.« **NDR**

Wiglaf Droste
Nikolaus Heidelbach
Vincent Klink

WEIN

152 Seiten mit 50 farb. Abbildungen.
Gebunden, geprägtes Leinen.

Stoßen Sie mit an!
Wiglaf Drostes trockener
Humor, die fruchtigen Rezept-
ideen Vincent Klinks und
Nikolaus Heidelbachs liebliche
Illustrationen runden sich
zu einem wahrhaft erlesenen
Bouquet – ohne Wacholder-
note, zarten Abgang und all
den Schnickschnack. Von der
Traube bis zur Kelter, vom
Korken bis zum Abendmahl
erforschen die drei Musketiere
des guten Geschmacks die selige
Welt des Weins. Garantiert
ungeschwefelt. Prosit!

»Vom Allerfeinsten!« **Focus**

»Gelegenheit zu einer kleinen Verzweiflung«
DAS SCHLOSS

Die Texte folgen der im S. Fischer Verlag erschienenen Kritischen
Ausgabe der Schriften, Tagebücher und Briefe, und zwar den Bänden
›Drucke zu Lebzeiten‹. Hrsg. von Wolf Kittler, Hans-Gerd Koch
und Gerhard Neumann; ›Nachgelassene Schriften und Fragmente I‹.
Hrsg. von Malcolm Pasley; ›Nachgelassene Schriften und Fragmente II‹.
Hrsg. von Jost Schillemeit; ›Tagebücher‹. Hrsg. von Hans-Gerd Koch,
Michael Müller und Malcolm Pasley. Mit freundlicher Genehmigung
des S. Fischer Verlages, Frankfurt/Main.

Erste Auflage 2009
© 2009 DuMont Buchverlag, Köln
Alle Rechte vorbehalten
Umschlag: Nikolaus Heidelbach / Christine Sieber
Gesetzt aus der Caslon
Gedruckt auf säurefreiem und chlorfrei gebleichtem Papier
Druck und Verarbeitung: GZD Designpress GmbH, Ditzingen
Printed in Germany

ISBN 978-3-8321-8102-4